L'image-friction

Pour une esthétique de la vidéo & du cinéma

Ce livre est le 173ème livre de la

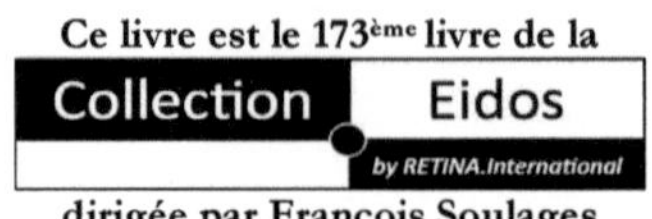

dirigée par François Soulages

Série IMAGE

14 Éric Bonnet (dir.), *Esthétiques de l'écran. Lieux de l'image*
18 Bernard Lamizet, *L'œil qui lit. Introduction à la sémiotique de l'image*
30 François Soulages & Pascal Bonafoux (codir.), *Portrait anonyme*
35 Pascal Martin & François Soulages (codir.), *Les frontières du flou*
36 Pascal Martin & François Soulages (codir.), *Les frontières du flou au cinéma*
40 Marie-Luce Liberge, *Images & violences de l'histoire*
56 François Soulages & Sandrine Le Corre (codir.), *Les frontières des écrans*
61 M. Rinn & N. Narváez Bruneau (codir.), *L'Afrique en images*
82 Stéphane Kalla Karim (dir.), *Mises en scène de l'invisible. Frontières de l'image & du sens 1*
83 S. Kalla Karim (dir.), *Espace-temps & mémoire de l'œuvre d'art. Frontières de l'image & du sens 2*
88 J. Medina, M. Mora & F. Soulages (dir.), *Frontières & dictatures. Images, regards – Chili, Argentine*
89 Marie-Luce Liberge (dir.), *Rire, Violence, Histoire dans les images & les œuvres*
105 Marion Delgoulet, *La conquête de l'invisible. Aux frontières des images mentales*
110 J-C Bourcart, A.-L. Large & F Soulages (codir.), *Les frontières du visible. New York*
127 François Soulages & Bruno Zorzal (codir.), *Image & anonymat à l'ère du contemporain*
133 Biagio D'Angelo & François Soulages (codir.), *Le flou de l'image*
143 M.-D. Bidard & C. Blanvillain (codir.), *Voir/Montrer la guerre aujourd'hui, 1. Vision(s)*
144 C. Blanvillain & C. Boutevin (codir.), *Voir/Montrer la guerre aujourd'hui, 2. Visée(s)*
153 Biagio D'Angelo & François Soulages (codir.), *Image & utopie*
168 Dominique Chateau, *9 mn 29 s. La mort filmée de George Floyd*
171 François Soulages & Agathe Lichtensztejn (codir.), *Images de l'avenir & avenir des images*
173 F. Soulages, B. Zorzal & A. Arçari, *L'image-friction. Pour une esthétique de la vidéo* & *du cinéma*

Série PHILOSOPHIE

11 Michel Gironde (dir.), *Les mémoires de la violence*
12 Michel Gironde (dir.), *Méditerranée & exil. Aujourd'hui*
49 Dominique Chateau, *Théorie de la fiction. Mondes possibles et logique narrative*
60 François Soulages & Aniko Adam (codir.), *Les frontières des rêves*
62 Michel Godefroy, *Chirurgie esthétique & frontières de l'identité*
63 Thierry Tremblay, *Frontières du sujet. Une esthétique du déclin*
64 Stéphane Kalla Karim, *Les frontières du corps & de l'espace. Newton*
66 Vladimir Mitz, *La transgression des frontières du corps. La chirurgie esthétique*
67 Bernard Salignon, *Frontières du réel où l'espace espace*
68 Dominique Chateau, *L'art du fragment. Frontières apparentes & frontières souterraines*
69 Pierre Kœst, *Aux frontières de l'Humain. Essai sur le transhumanisme*
71 Gabriel Baudrand, *Mathématiques & frontières*

Les autres titres de la Collection* Eidos *sont donnés à la fin de ce livre

RETiiNA·International

Sous la direction de
François Soulages,
Bruno Zorzal & André Arçari

L'image-friction

Pour une esthétique de la vidéo & du cinéma

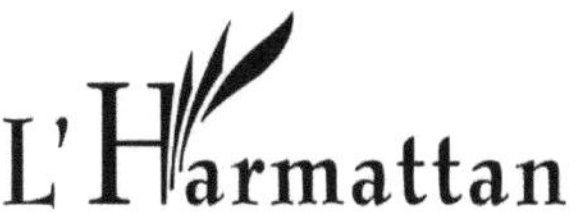

Des mêmes auteurs

De François Soulages & Bruno Zorzal

Images d'images, Paris, L'Harmattan, coll. *Eidos*, 2017.
Image & anonymat à l'ère du contemporain, Paris, L'Harmattan, coll. *Eidos*, 2019.
Sobre as Imagens de Imagens, Vitoria, Centro de Artes, UFES, 2021.
L'image-friction. Pour une esthétique de la vidéo & du cinéma, Paris, L'Harmattan, coll. *Eidos*, 2023.

De Bruno Zorzal

Les photos, un matériau pour la photographie, Paris, L'Harmattan, coll. *Eidos*, 2017.
Esthétique de l'exploitation photographique des photos déjà existantes, idem.

De François Soulages

Image

Image du corps et corps vivant, (dir.), Toulon, École des Beaux-Arts, 1988.
Images des-dires. Représentation et Révolution, (dir.), Paris, Argraphie, 1990.
La couleur réfléchie, (avec M. Costantini & J. Le Rider), L'Harmattan, 2001.
O corpo da imagem, a imagem do corpo, (codir. A. Olivieri), Salvador, Cultura visual, 2005.
Les images de l'historien, dialogue avec Pierre Vidal-Naquet, Klincksieck, 2007.
Images d'images, (codir. avec B. Zorzal), Paris, L'Harmattan, collection *Eidos*, 2017.
Sobre as Imagens de Imagens, (avec B. Zorzal), Vitoria, Centro Artes, UFES, 2021.
Les frontières du visible. New York, (codir. avec J.-C. Bourcart & A.-L. Large), Paris, L'Harmattan, collection *Eidos*, 2018.
Image & anonymat à l'ère du contemporain, (codir. avec B. Zorzal), Paris, L'Harmattan, collection *Eidos*, 2019.
Le flou de l'image, (Flou 4), (avec B. D'Angelo), Paris, L'Harmattan, coll. *Eidos*, 2019.
Prazer da imagem, (codir. avec G. Prado & S. Venturelli), Sao Paulo, Universidade Anhembi-Morumbi, 2020.
Image & utopie, (avec B. D'Angelo), Paris, L'Harmattan, coll. *Eidos*, 2020.
Imagens entrelaçadas, codir. avec G. Prado & S. Venturelli, Sao Paulo, Universidade Anhembi-Morumbi, 2020.
Images de l'avenir & avenir des images, avec A. Lichtensztejn, Paris, L'Harmattan, coll. *Eidos*, 2023.

Suite des livres de François Soulages à la fin de cet ouvrage

5-7, rue de l'Ecole-Polytechnique, 75005 Paris

http://www.editions-harmattan.fr

ISBN : 978-2-14-035440-3
EAN : 9782140354403

Introduction

Le concept d'image-friction

Rien ne peut empêcher la conjonction
de l'image-mouvement, telle que (Bergson) la considère,
et de l'image cinématographique.
Gilles Deleuze[1]

Pourquoi et comment mettre en œuvre le concept d'image-friction dans une recherche sur le film vidéo ou cinématographique ? L'enjeu est une interrogation contributive non pas tant à l'esthétique du cinéma, à celle de la vidéo ou à celle de l'art-contemporain, qu'à l'esthétique du cinéma *et* de la vidéo, le « et » étant dans cette dernière formule l'outil conceptuel le plus important. Bref, le concept d'image-friction non seulement éclaire le film, mais oblige à se demander : que serait une esthétique de la vidéo *et* du cinéma, avec art et sans-art ?

Un concept nécessaire

Il y a 40 ans, paraissaient les deux importants tomes de *Cinéma* de Gilles Deleuze : *L'image-mouvement* et *L'image-temps*. Mais, aujourd'hui, pourquoi parler l'image-friction en s'appuyant au moins

[1] Gilles Deleuze, *Cinéma 1. L'image-mouvement*, Paris, Minuit, 1983, p. 7.

autant sur les pratiques artistiques et non-artistiques[2] de la vidéo que sur le cinéma ? À la fois pour des raisons théoriques et eu égard à un certain nombre d'œuvres et de vidéos sans-art produites et reçues aujourd'hui – centres d'art contemporain, musées, biennales, mais aussi cinéma, internet, réseaux sociaux obligent.

Effectivement, le concept d'image-mouvement, venu du champ théorique bergsonien, donnait des clés pour mieux interroger à la fois le mouvement, le cinéma et les couples d'une part image/cinéma, d'autre part image/mouvement. Comment, en effet, penser une image en mouvement, eu égard à la prégnance de l'habitude culturelle et intellectuelle de concevoir l'image (comme) fixe ? Le concept deleuzien prenait aussi son sens certes – et ce n'était pas une surprise – par rapport au concept d'image-temps, mais aussi – et cela est peut-être plus intéressant, car nous pouvions ainsi nous libérer d'une problématique réductrice, à savoir celle de l'articulation cinéma/mouvement/temps/durée – par rapport aux concepts d'image-perception, d'image-affection, d'image-pulsion, d'image-action. Ces quatre derniers concepts donnaient de la matière à l'image et de la chair au spectateur : avec eux, la réalité et la vie étaient là avec ses contradictions, ses chocs, ses tensions, ses frictions.

Parmi bien d'autres, Michel Marie exemplifiait avec justesse cet enrichissement conceptuel :

> En référence au marxisme, S. M. Eisenstein place la dialectique au cœur du montage, dialectique qui doit créer la dynamique d'un conflit et doit apporter au final la résolution de ce même conflit. La notion de 'choc' est au centre du montage : il consiste à créer une opposition soit au sein même du plan au moyen de différentes composantes de ce même plan, soit entre les plans par les biais du montage.[3]

À sa façon, en effet, Eisenstein jouait avec la friction, avec la friction des images, avec l'image-friction, avec les images-frictions. Grâce à l'outil technique du montage, à son usage artistique spécifique et à la conception de la dialectique, le cinéaste passait de l'illusion d'une série statique d'images à une conception dynamique ; « cette dialectique au sein du film s'établit notamment au moyen de

---

[2] *Cf.* chapitre 7 de notre ouvrage : donc esthétique et théorétique, car art et sans-art ; outre que ces distinguos sont d'abord opératoires.

[3] Michel Marie, « Le film signifie : cinéma et langage », *in* J. Aumont, A. Bergala, M. Marie, M. Vernet, *Esthétique du film*, Paris, Armand Colin, 2016, p. 156.

l'alternance entre plans d'échelles différentes.[4] » Ainsi, les images étaient en friction les unes par rapport aux autres et ce conflit était résolu.

Mais cette résolution peut ne pas être atteinte et la friction continuer : c'est le cas dans de nombreux films et, très souvent, dans des vidéos contemporaines[5]. Michel Marie a alors raison de noter que la friction produit alors un triple choc – choc du montage, choc pathétique, choc intellectuel. Et ce choc est au moins doublement positif : esthétiquement et intellectuellement, l'*aisthesis* renvoyant certes à l'art, mais aussi, comme une analyse théorétique peut le montrer, à la sensation, au *pathos*, à la perception, à l'affection, à la pulsion et à l'interaction[6]. Michel Marie explique avec clarté « le 'choc' intellectuel issu de cette opposition, qui force à penser et qui met en branle l'esprit, ce double d'un choc pathétique.[7] »

Pour des raisons technologiques, cette exploration de l'image-friction et des frictions des images est encore plus développée avec le numérique ; outre qu'« au sein du cinéma traditionnel, comme l'écrit Lemieux, (l'image numérique) est aujourd'hui omniprésente : réalisation d'effets spéciaux extraordinaires ; ajout, retouche et correction de l'image photographique ; réalisation de prises ou de scènes entièrement numériques ; et, finalement, création de personnages virtuels.[8] »

Il faudrait ici reprendre les analyses de Dominique Chateau[9] qui déclare avec justesse, lors d'une analyse des théories de Bergson, Sartre et Lindsay :

> Ce qui différencie le film du tableau ce n'est pas seulement que le kaléidoscope soit en mouvement, mais encore que ce mouvement, loin d'être une quelconque saccade juxtaposant des fragments détachés, est une sorte de glissement perpétuel qui épouse le devenir ondulatoire des formes filmiques.[10]

---

[4] *Idem.*
[5] Voir les vidéos citées dans cet ouvrage.
[6] *Cf.* Jean-Marie Dallet (dir.), *Cinéma, interactivité et société*, Poitiers, Éditions de l'université de Poitiers, 2013 et l'œuvre d'Edmond Couchot.
[7] *Idem.*
[8] Philippe Lemieux, *L'image numérique au cinéma*, Paris, L'Harmattan, 2012, p. 253.
[9] Le chapitre 6 de cet ouvrage est écrit par ce philosophe qui éclaire et contextualise avec efficacité notre problématique.
[10] Dominique Chateau, *Cinéma et philosophie*, Paris, Nathan, 2003, p. 58.

Doit-on penser que le glissement – progressif du plaisir (image ou chair ?) cher à Alain Robbe-Grillet (cinéaste) sur lequel notre philosophe a beaucoup écrit ? – occulte la friction ou bien qu'au contraire il l'utilise et en jouit ? Toujours est-il que l'image kaléidoscopique est fortement utilisée en vidéos et travaille de façon spécifique l'image-friction.

On peut alors exporter ce concept et passer de l'image-matérielle-friction à l'image-mentale-friction, de l'extérieur à l'intérieur et l'expérimenter dans une approche phénoménologique du cinéma et de la vidée, prenant en compte leur structuration technique, tel que l'a suggéré Bernard Stiegler :

> L'archi-cinéma de la conscience, dont le rêve serait la matrice comme archi-cinéma de l'inconscient, est la projection qui résulte du jeu entre ce que Husserl nomme les rétentions primaires et les rétentions secondaires d'une part, et d'autre part ce que j'appelle les rétentions tertiaires, qui sont les traces hypomnésiques (c'est-à-dire mnémotechniques) de la vie de la conscience et de l'inconscient.[11]

C'est ce qu'explorent artistiquement Bernard Kœst et Michel Sicard dans certaines de leurs œuvres vidéo[12] et de façon à la fois théorétique, poétique et esthétique Gabriel Baudrand[13].

Ce concept d'image friction a donc une positivité opératoire.

Une recherche plurielle

Trois moments

Pour mener à bien cette recherche quant à l'image-friction, il faut adopter plusieurs méthodes et plusieurs points de vue, à savoir les approches théorétiques, (auto)poïétiques, esthétiques et poétiques.

Le premier moment est *esthétique et poïétique* et réfléchit *à partir des* œuvres de Bruno Zorzal et de Tacita Dean : chapitre 1 de François Soulages et chapitre 2 d'André Arçari.

---

[11] Bernard Stiegler, « L'âge numérique du cinéma », *in* Jean-Marie Dallet (dir.), *Cinéma, interactivité et société*, Poitiers, Éditions de l'université de Poitiers, 2013, p. 97.

[12] *Cf.* chapitres 4 et 5 de cet ouvrage.

[13] *Cf.* chapitre 7 de cet ouvrage.

Le second moment est *autopoïétique* : des artistes réfléchissent *sur* leurs œuvres : Bruno Zorzal au chapitre 3, Michel Sicard au chapitre 4 et Bernard Kœst au chapitre 5.

Le troisième moment est *théorétique, poétique et esthétique* : théorétique et esthétique avec Dominique Chateau au chapitre 6 et théorétique et poétique avec Gabriel Baudrand au chapitre 7.

Le livre

Ce livre est le 4ème que nous avons réalisé à propos de l'image, Bruno Zorzal et moi-même, dans le cadre des recherches conjointement menées par RETiiNA.International et RETiiNA.EsperitoSanto – les trois précédents étant *Images d'images*[14], *Image & anonymat à l'ère du contemporain*[15] et *Sobre as Imagens de Imagens*[16]. En effet, nos Recherches sont Esthétiques et Théorétiques sur les Images et les Imaginaires Nouveaux et Anciens. Le concept d'image-friction éclaire non seulement la vidéo et le cinéma, mais aussi leurs imaginaires et notre imaginaire vis-à-vis d'eux.

Andréas Arçari nous a rejoints pour ce 4ème livre. D'autant plus que nous avons organisé tous les trois, à l'Université de Vitoria au Brésil les 21, 22 et 23 juin 2022, le colloque international *Filme-Video : Imagens em Movimento ; Imagens em Fricçao* ; à partir de ce colloque, un livre, différent de celui-ci, paraitra fin 2023 au Brésil.

Le présent ouvrage est donc composé par des réflexions de nous trois, celles des deux autres chercheurs français invités au colloque de 2022 – Dominique Chateau et Michel Sicard – et celles d'un artiste vidéaste – Bernard Kœst – et d'un théoricien-poète – Gabriel Baudrand.

Les chercheurs

Ont donc écrit dans ce livre :

Andréas Arçari, artiste visuel et chercheur, doctorant en Langages visuels au Programa de Pós-Graduação em Artes Visuais – Escola de Belas Artes, Universidade Federal do Rio de Janeiro, au Brésil ;

Gabriel Baudrand, docteur en mathématiques et théoricien, artiste visuel et poète, membre de RETiiNA.International ;

---

14 Paris, L'Harmattan, coll. *Eidos*, 2017.

15 *Idem*, 2019.

16 Vitoria, Centro de Artes, UFES, 2021.

Dominique Chateau, philosophe, Professeur émérite, Université Paris 1 Panthéon-Sorbonne ;
Bernard Kœst, artiste – vidéaste, photographe et poète… – membre de RETiiNA.International ;
Michel Sicard, philosophe et artiste – vidéaste, photographe, poète… –, Professeur émérite, Université Paris 1 Panthéon-Sorbonne ;
François Soulages, philosophe, Professeur émérite des universités (Université Paris 8, Labo AIAC), président-fondateur de RETiiNA.International, directeur des collections *Eidos*, RETINA.CRÉATION et Local & global ;
Bruno Zorzal, artiste et chercheur, docteur en Esthétique, philosophie et histoire de l'art à l'Université Paris 8, postdoctorant au Programa de Pós-graduação em Artes, à l'Ufes, boursier auprès de la Fundação de Amparo à Pesquisa e Inovação do Espírito Santo, au Brésil, directeur de RETiiNA.EsperitoSanto et membre de RETiiNA.International.

François Soulages
Paris, le 18 avril 2023

Premier moment
ESTHÉTIQUE & POÏÉTIQUE

Chapitre 1

La friction créatrice
À partir des films de Bruno Zorzal

En hommage à JLG
pour ses pensées-images,
véritables frictions créatrices.

Glorifier le Culte des images
(ma grande, mon unique, ma primitive passion)
Baudelaire[17]

Le XIXème siècle a vu apparaître une nouvelle image avec la photographie ; Baudelaire s'en est méfié, tout en glorifiant, par ailleurs, « le culte des images » : fallait-il une nouvelle religion ? En tout cas, elle est là, globalisée et globalisante, faisant de chaque sujet du smartphone un assujetti non tant aux images qu'aux pouvoirs, lobbies et mafias qui sont derrière.

Feuerbach, après Platon, l'avait compris, réfléchissant à partir d'une tendance profonde de l'humanité, à savoir celle de préférer l'image à la réalité, l'imaginaire au réel, *eros* à *thanatos* :

> Et sans doute notre temps... préfère l'image à la chose, la copie à l'original, la représentation à la réalité, l'apparence à l'être... Ce qui est

[17] Baudelaire, *Mon cœur mis à nu*, 1864.

sacré pour lui, ce n'est que l'illusion, mais ce qui est profane, c'est la vérité. Mieux, le sacré grandit à ses yeux à mesure que décroit la vérité et que l'illusion croit, si bien que le comble de l'illusion est aussi pour lui le comble du sacré.[18]

Or des artistes s'emparent de l'image pour essayer d'en faire autre chose, comme, par exemple, des films-vidéos habités par des frictions. Étrange notion que celle de friction qui semble désigner la friction entre le film et la vidéo, le cinéma et la vidéo, l'art-contemporain[19] et la vidéo, le sans-art et l'art, la chose et l'image, bref, bien des frictions…

Sommes-nous alors toujours dans le culte de l'illusion ? Avec l'image-vidéo, pouvons-nous, grâce à la friction, sortir de la caverne et être moins prisonniers, ou bien est-ce notre destin d'humains d'être illusionnés ?

Friction

Le cinéma existe depuis si longtemps : personne, sur terre, a vécu avant qu'il ne naisse ; il nous surplombe ; nous sommes ses enfants. Mais il n'y pas que lui : comme l'homme de Neandertal et l'homme de Cro-Magnon, il a des cousines avec lesquelles il peut s'accoupler – la vidéo, l'image-mouvement, la télévision, la pratique du cinéma expérimental, l'image-internet, etc… Et de nombreux enfants naissent. L'art-contemporain le sait qui en use et, parfois, en abuse : cinéma d'exposition, vidéo-installation, vidéos sur internet, vidéos sans qualité envoyées en silence entre particuliers au point de faire un réseau non-identifiable mais profond, sorte de conversations entre individus qui se réunissent virtuellement un moment et engendrent une émotion sensible et, parfois, artistique, voire esthétique : « c'est ainsi qu'insensiblement on passe de la banalité des choses quotidiennes à l'invention romanesque, écrivait Aragon, à ce

---

[18] Feuerbach, *L'Essence du christianisme*, préface à la deuxième édition.

[19] Nous écrivons « art-contemporain » avec un « - » pour désigner non l'art d'une certaine époque, mais un certain régime de l'art ; notre approche n'est pas historienne, mais esthétique : *cf.* François Soulages, *Photographie contemporaine & art contemporain,* (codir. avec M. Tamisier), Paris, Klincksieck, 2012 et François Soulages, *El Arte contemporaneo y, por lo tanto, la fotografia*, (codir. avec A. Erbetta), Buenos Aires, Arte x arte, 2020.

raccourci de nous, où on change de nom, se choisit un décor comme au théâtre, et tout d'un coup les évènements prennent un sens.[20] ».

Donc souvent des travaux d'artistes, mais aussi, souvent, des travaux sans-art, et ce sont peut-être les plus intéressants, les plus particuliers, les plus originaux, les moins commerciaux : ne pas vouloir être vus par beaucoup, par la masse[21], telle semble être leur intention ; et pouvoir être regardés par des *happy few*, par des sujets fragiles, mais existants, existant dans la fragilité, tout comme ces images-frictions sont fragiles, mais existent. Alors le poétique peut advenir et modifier les points de vue et les formes. Relisons *Histoire(s) du cinéma* de Godard :

> et si Alfred Hitchcock / a été le seul / poète maudit / à rencontrer le succès / c'est parce qu'il a été / le plus grand / créateur de formes / du vingtième siècle / et que ce sont les formes / qui nous disent / finalement / ce qu'il y a au fond / des choses / or, qu'est-ce que l'art / sinon ce par quoi / les formes deviennent style / et qu'est-ce que le style / sinon l'homme[22]

La friction, c'est le rapport à la forme, le problème de la forme, le problème de l'art. Donc la friction, c'est aussi, c'est surtout le problème du style.

Mais qu'en est-il de cette famille recomposée de l'image-en-mouvement ? Comme dans toutes les familles, il y a des frictions : des oppositions, des luttes, des contradictions, des jalousies, des volontés de pouvoir, des terrorismes, des écrasements, des humiliations, des néantisations, etc, etc… Cette famille est tout sauf simple, tout sauf calme. Et cette complexité et cette violence se retrouvent dans les films et les vidéos, dans leurs constructions et dans leurs montages, dans leurs créations et dans leurs réceptions… Friction toute ! Telle est l'image de cette famille d'images en mouvement ; et quel mouvement ! Outre que toute image est immigrée. Nous sommes donc face à une famille d'(images) immigrées. Et quelles nouvelles alliances et quels nouveaux mariages, avec tous les problèmes que cela

---

[20] Louis Aragon, *Le mentir-vrai* (1980), Paris, Gallimard, coll. *Folio*, 2015, p. 27.

[21] François Soulages, *Masse & sujets. Philosophie & art*, (codir. avec L. Farhi Neto), Paris, L'Harmattan, collection *Eidos*, série Philosophie, 2019.

[22] Jean-Luc Godard, *Histoire(s) du cinéma*, Paris, Gallimard-Gaumont, 1998, t. 4 *Le contrôle de l'univers. Les signes parmi nous*, p. 91.

pose ! Et c'est intéressant les problèmes : c'est à partir d'eux que l'on peut créer et penser.

Bref, toute composition est une imposition, encore plus qu'une exposition ! Toute composition d'images est une recomposition – avec d'autres images, avec d'autres sons, avec d'autres musiques, avec d'autres textes, avec d'autres performances. Les images d'images[23] sont au rendez-vous, mais avec friction. Les enjeux sont poétiques et esthétiques, philosophiques et éthiques, politiques et culturels. Regardons, écoutons, lisons. Hybridation du visible ? Peut-être, mais le visible a toujours été hybridé, ne serait-ce que l'hybridation de la perte et du reste[24] ; l'originalité n'est peut-être pas là, mais dans la friction. Hybridation certainement des images et des sons ; et ce n'est pas évident : d'où, frictions, séries de frictions.

Il faut donc mettre en avant la notion de friction pour en faire un concept opératoire qui nous permette de penser autrement les (arts des) images-mouvement, au point de pouvoir parler, pour un temps, d'images-frictions. Cela permettra de faire connaître et de mieux penser des recherches artistiques et théoriques sur les usages, la portée et les conditions d'existence des images en mouvement aujourd'hui. Il en va aussi des recherches esthétiques et théorétiques – celles qui ne prennent pas en compte le fait de savoir si ces frictions d'images visent ou non l'art – des images nouvelles ou anciennes[25], dans la mesure où bien des images nouvelles s'appuient sur ou s'opposent à des images anciennes, en tout cas les métamorphosent, au point de faire, dans une perspective d'art(-contemporain), des images-frictions à partir d'images sans-art. Relisons *Histoire(s) du cinéma* de Godard :

> il est grand temps que la pensée / redevienne ce qu'elle est / en réalité / dangereuse pour le penseur / et transformatrice du réel / là où je crée / je suis vrai / écrivait Rilke[26]

---

[23] François Soulages & Bruno Zorzal (codir.), *Sobre as Imagens de Imagens*, Vitoria, Centro de Artes, UFES, 2017 et *Images d'images*, Paris, L'Harmattan, collection *Eidos*, série Photographie, 2017.

[24] François Soulages, *Esthétique de la photographie. La perte et le reste,* (1998), 2ème éd., Paris, Armand Colin, 2023. Publié dans 12 langues, dont le brésilien.

[25] *Cf.* RETiiNA.International, Coopérative de Recherches Esthétiques & Théorétiques sur les images & les imaginaires Nouveaux & Anciens.

[26] Jean-Luc Godard, *Histoire(s) du cinéma*, Paris, Gallimard-Gaumont, 1998, t. 4 *Le contrôle de l'univers. Les signes parmi nous*, p. 42.

Penser, donc créer ; créer, donc penser : la friction appelle ce double mouvement dialectique.

Réfléchissons à cette problématique, à partir de deux vidéos de Bruno Zorzal. Ce dernier est un artiste et théoricien[27] brésilien contemporain qui travaille l'image fixe – et notamment la photographie –, l'image-mouvement – et notamment la vidéo – et leurs interactions. Examinons quelques-unes de ces vidéos pour mieux comprendre l'utilité du concept de friction.

Disparition

Desaparecido est une vidéo de 26 mn 51 s que nous avons présentée en 2022 à la Biennale de Daegu, Corée. Ce qui frappe d'abord, c'est la lenteur, la très grande lenteur, à tel point que l'on pourrait croire que nous sommes face à une image fixe. Le premier jeu porte sur cela : du mouvement qui se fait passer pour du fixe, comme avec la tortue et Achille dont parle Aristote dans *Physique* IV, à propos du paradoxe de Zénon. « Face à quoi sommes-nous ? » se demande le regardeur. Il voit comme on pourrait voir si, dans la réalité, la vitesse des phénomènes était divisée par 60 ou bien comme si celle de notre vision était multipliée par 60. Relativité de la vision et des phénomènes, et ce en fonction de l'homme. Mais l'homme doit-il être la mesure de toute chose ? Ou bien pouvons-nous accéder à un autre référentiel ? *Triple friction* donc entre fixe et mouvement, entre notre point de vue naturel et notre point de vue appareillé, entre apparition et disparition d'images de personnes ayant vécu ou vivant encore ou bien de personnages fictifs – on peut ne pas savoir ; d'où les *quatrième et cinquième frictions* entre réalité et fiction et entre réel et imaginaire…

Outre que notre cher Aristote qui, dans l'Antiquité, ne connaissait pas la vidéo, mais qui, lui, savait penser, écrit : « L'acte est le fait pour une chose d'exister en réalité et non de la façon dont nous disons qu'elle existe en puissance.[28] » L'image de l'image-mouvement

[27] Ce chercheur en esthétique a *notamment* publié en France deux livres fondamentaux : *Les photos, un matériau pour la photographie* et *Esthétique de l'exploitation photographique des photos déjà existantes*, Paris, L'Harmattan, coll. *Eidos*, 2017.

[28] Aristote, *La Métaphysique*, T, trad. J Tricot, Paris, Vrin, 1953, p. 499.

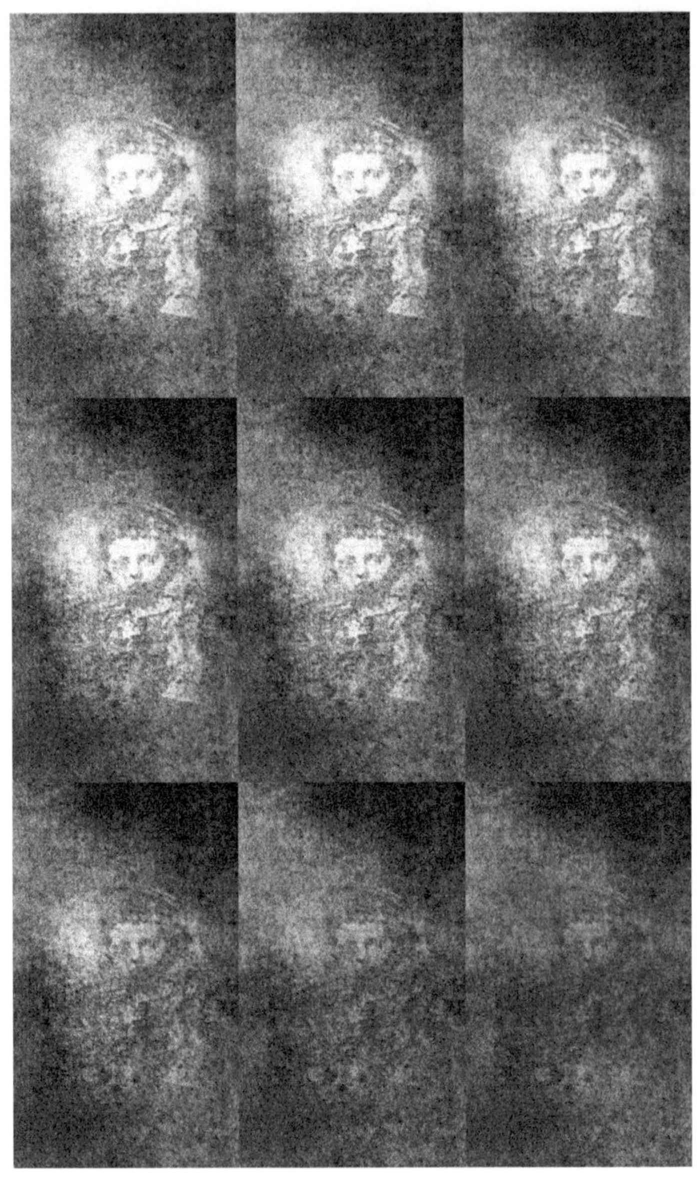

Bruno Zorzal, *Desaparecido*, in série *Impermanence*
2017, vidéo, full HD, vertical
30 mn en boucle
[Dans l'image : neuf cadres composant la vidéo]

existe en acte quand nous la voyons, mais elle existe en puissance dans la vidéo même ; plus exactement, une image d'une vidéo se distingue d'une photo dans la mesure où la seconde est toute donnée en acte, alors que la première joue avec la puissance et l'acte ; et c'est ce qui se donne dans le mouvement. Et *Desaparecido* nous fait éprouver cette friction et nous incite à la penser et par là même à penser autrement la vidéo. La lenteur est alors essentielle à la vidéo.

Alors, les personnages dont la vidéo nous donne l'image sont à la fois importants – pourquoi celui-ci *et non* celui-là ? pourquoi celui-ci *après* celui-là ? – et sans importance. Ou plutôt, il peut y avoir deux réceptions de la vidéo : la première est réaliste et porte sur les identités (fictives ? car nous sommes avec des images d'images) des personnages ; la seconde est artistique et porte sur la vidéo même, non plus sur la vidéo de celui-ci ou de celui-là, mais sur la forme, sur la disparition même, d'une certaine manière dans le droit fil de Perec. Il y a disparition, car il y eut apparition ; il y eut apparition, car nous sommes face au paraître et non à l'être. De plus, en français, on parle de *disparition* pour désigner la mort des « chers disparus » ; et si c'était aussi cela que l'on pouvait trouver et éprouver avec cette vidéo ? Outre qu'en Amérique latine, mais aussi ailleurs[29], la disparition fut à la fois un outil des dictatures à la fin du siècle dernier et une expérience existentielle on ne peut plus douloureuse pour de nombreux Sud-Américains[30].

Énigme de la disparition qu'évoque John le Carré :

> (La) disparition (de ma mère) eut sur moi un effet étrange. Je ne me souviens pas avoir pleuré, ni qu'elle m'ait manqué. J'étais comme gelé

---

[29] « Je suis obsédé par la question de l'après dans l'histoire européenne. Il y a 85 millions de morts entre 1914 et 1945. Lorsqu'on s'automutile à un tel point, comment un continent, une société, des individus se remettent-ils, ou payent-ils ? Mengele était une figure idéale pour incarner ce suicide, et ses suites. » Olivier Guez, *La disparition de Mengele*, Grasset, 2017. Dans ce livre, on traite de la disparition à la fois des victimes et du bourreau qui avait disparu en Amérique latine, comme par hasard.

[30] François Soulages & Silvia Solas (codir.), *Ausencia y Presencia,* La Plata, Edulp, 2011 et *L'homme disparu. Photographie & corps politiques,* Paris, L'Harmattan, collection *Eidos*, série RETINA, 2016. François Soulages & Alejandro Erbetta (codir.), *Fronteras, Memorias, Artes y Archivos,* Buenos Aires, ArtexArte, 2016 et *Fronteras, Memoria y Exilio,* Grenade, Eug & L'Harmattan, 2017. François Soulages, *Frontières & dictatures. Images, regards – Chili, Argentine*, (codir. avec J. Medina & M. Mora), Paris, L'Harmattan, collection *Eidos*, série RETINA, 2016.

> intérieurement. [...] Quand je demandais où elle était, on me disait qu'elle était malade ou qu'elle allait bientôt revenir. Moi, je pensais qu'elle était morte. En réalité, je l'ai revue plus tard, sur un quai de gare, j'avais 21 ans. J'ai parlé avec elle, je voulais comprendre comment on peut, du jour au lendemain, abandonner son fils. Aujourd'hui encore, cela reste pour moi une énigme.[31]

Disparition, mais aussi réapparition, comme pour la vidéo de Zorzal quand on la repasse en boucle – ce qui se joue dans une exposition d'art-contemporain. Nouveau *Fort Da* dont parle Freud, quand la mère est partie et que le petit enfant calme son angoisse d'abandon et de perte en jouant avec la bobine qui va et revient. Comme la bobine du cinéma, voire de la vidéo, qui donne aussi l'impression de maîtriser angoisse, perte et abandon. Et si c'était d'abord cela le rapport à l'image-mouvement ?

Énigme de la mère ? Peut-être, quoiqu'une énigme peut être résolue. En fait, mystère de la mère, écho du mystère de l'œuvre d'art, de la vidéo quand elle est œuvre. Le mystère est plus respectueux de la vidéo ; outre qu'il offre une place au regardeur, au fils, car une œuvre d'art fait du regardeur un fils, fils prodigue et créateur : « Ton frère que voilà était mort et il est revenu à la vie ; il était perdu et il est retrouvé ![32] »

Dans la réalité, John le Carré n'a pas pleuré : le réel ne permet pas la *catharsis*, il faut qu'il y ait représentation ; il faut que la friction soit une possibilité. Dans la réalité, le sujet est à l'intérieur gelé : sa subjectivité est suspendue, car gelée, congelée ; elle ne peut être dégelée que par le romanesque qui tisse réalité et fiction, qui exerce la friction. L'intériorité est alors vidée. Outre qu'à John enfant, on raconte, non pas une fiction, mais un mensonge – « Ta mère est malade. » –, bref une histoire figée et sans mouvement, non pas une histoire-vérité. Quand il revit sa mère, rien n'a avancé : il a parlé avec, mais sans aucune effectivité.

Relisons *Histoire(s) du cinéma* de Godard :

> je disais ni un art, ni une technique / un mystère / et, pour le résoudre / une simple potion magique / pour éclairer notre lanterne / magique / elle aussi, n'est-ce pas[33]

---

[31] John le Carré, *in Le Monde*, 15 12 20, pp. 22-3.

[32] *Luc*, 15, 32.

[33] Jean-Luc Godard, *Histoire(s) du cinéma*, Paris, Gallimard-Gaumont, 1998, t. 2 *Seul le cinéma. Fatale beauté*, p. 182.

Vaincre la friction par quelque chose qui se reçoit comme étant une œuvre d'art. Et c'est alors que la friction entretient un autre rapport à la fiction : cette dernière n'est plus sa rivale, mais son alliée.

Mais, ce qui est affirmé d'abord, c'est le mystère : mystère du réel : est-ce que la magie de la vidéo-friction peut éclairer ce mystère ? Éclairer peut-être, mais éclaircir, on peut en douter, eu égard à l'essence même de tout mystère. Alors à quoi bon la vidéo fiction ? À moins que l'on fasse le deuil de la résolution du mystère. L'esthétique négative peut alors prendre le relais et nous sauver de la déception indéfinie.

Écoutons Céline à ce propos :

> Voyager, c'est bien utile, ça fait travailler l'imagination. Tout le reste n'est que déceptions et fatigues. Notre voyage à nous est entièrement imaginaire. Voilà sa force.
> Il va de la vie à la mort. Hommes, bêtes, villes et choses, tout est imaginé. C'est un roman, rien qu'une histoire fictive. Littré le dit, qui ne se trompe jamais.

Et de poursuivre :

> Et puis d'abord tout le monde peut en faire autant. Il suffit de fermer les yeux.
> C'est de l'autre côté de la vie.[34]

En effet, avec Zorzal, la vidéo nous permet d'accéder à l'imaginaire : elle utilise la friction formelle pour vaincre la friction existentielle. Et si – fiction de la fiction, friction de la friction –, comme pour John le Carré, la disparition débouchait sur une réapparition, sur une incarnation ? Et si la vidéo nous ouvrait au réel – et nous ne parlons pas ici de la réalité ? « Il suffit de fermer les yeux. » : telle est peut-être la règle d'or à suivre face à une vidéo ? Et si la vidéo n'était pas d'abord visuelle ? Certes aussi sonore, elle serait d'abord la porte de l'imaginaire et du rêve, la porte du sujet, ce sujet si fragile que nous sommes, comme John le Carré enfant, comme John le Carré adulte, comme John le Carré toujours… Alors, avec la vidéo, par-delà la friction, « c'est de l'autre côté de la vie. » Mais nous revient cette question dans *Orlando* de Virginia Woolf : « Vie, vie, qu'es-tu donc ? » Je suis l'enfant de l'imaginaire et de la friction, je suis

---

[34] Céline, *Voyage au bout de la nuit*, 1932, Épigraphe.

(comme) une vidéo : l'enfant abandonné par une mère énigmatique ; et c'est pourquoi je suis « comme gelé intérieurement. » La vidéo relève aussi du « gelé », dans la mesure où elle gèle le sujet : non seulement le sujet de la vidéo que l'on dégèle à chaque fois que l'on repasse la vidéo, mais aussi le sujet qui regarde la vidéo et qui se dit : « la vie, c'est la vidéo ; et moi, je suis comme gelé et congelé… » Me reste non seulement la fiction, mais aussi la tentation de la mystification : « la mystification, l'attitude théâtrale, la plaisanterie en sont la contrepartie – comme dans toute névrose » écrit Leonardo Sciascia[35] ; c'est peut-être pour cela que Platon aurait refusé la vidéo, à la différence d'Aristote…

Flux

« 'Avoir de l'imagination', explique Mircea Eliade, c'est jouir d'une richesse intérieure, d'un flux ininterrompu et spontané d'images.[36] » La vidéo s'appuie sur ce fonctionnement anthropologique, ou, plus exactement, elle joue avec le stock et avec le flux. Alors que *Desaparecido* travaillait sur la lenteur et la disparition, *Momento* de Zorzal[37] explore, dans cette vidéo, le flux, ce qui n'est pas l'opposé de la disparition/apparition, mais étude pratique et artistique en acte, l'écoulement – l'écoulement de l'image, des images ; mais un écoulement différent de celui du cinéma habituel. « Tout s'écoule [38] » disait déjà Héraclite ; quoi de plus vrai pour la vidéo, ce robinet à images. Nous comprenons que la production, comme la réception des vidéos, s'ancre dans un vécu archaïque révélé par le philosophe grec : voir une vidéo réactive cette appréhension d'une liquidité, d'autant plus quand elle ne cherche pas à raconter une histoire très précise qui ferait oublier la matérialité même de la vidéo. Relisons *Histoire(s) du cinéma* de Godard :

[35] Leonardo Sciascia, *La Disparition de Majorana* (1975), Paris, Allia, 2012, p. 33.
[36] Mircea Eliade, *Images et symboles*, Paris, Gallimard, 1971.
[37] *Cf.* chapitre 3 de Bruno Zorzal dans ce livre.
[38] Héraclite, *Fragments*, trad. M Conche, Paris, PUF, 1986, p. 467.

ah, ma patrie / est-ce donc vrai / c'est ainsi que je t'ai imaginée / depuis longtemps / la fin, c'est l'écran / qui n'est qu'une surface / pays heureux, magique / éblouissant / ô terre aimée / où donc es-tu[39]

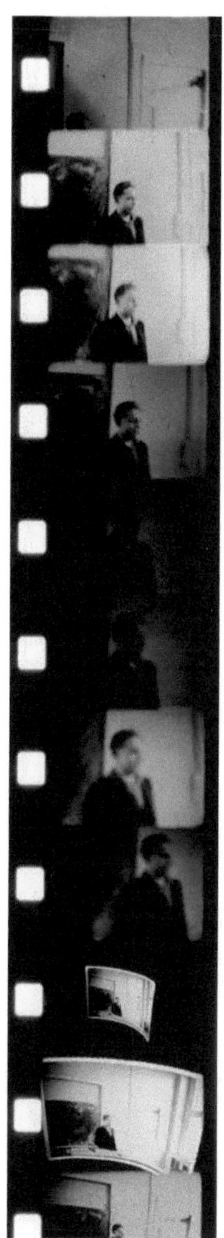

Ah ! magie du bloc magique vidéique !

Si l'on poursuit notre compréhension de la vidéo à partir d'Héraclite – et l'on pourrait s'appuyer sur bien des vidéos, en particulier celles si riches de Bernard Kœst[40] –, trois choses nous frappent. D'une part, contrairement à ce qu'affirme le philosophe – « On ne peut descendre deux fois dans le même fleuve.[41] » –, on peut voir et revoir un nombre indéfini de fois la même vidéo. Mais, est-ce vraiment la même vidéo ? En d'autres termes, la vidéo est-elle l'objet extérieur qui permet ce défilement d'images ou bien la vidéo vue par un sujet percevant, le bloc d'images internes qui habitent un sujet ? Dans ce dernier cas, chaque vue est différente de toutes les autres : ici, le suivant est le différent ; on peut alors dire qu'on ne peut pas recevoir deux fois la même vidéo.

D'autre part, Héraclite insiste beaucoup sur la friction : « La guerre est universelle. [...] Engendrées, toutes choses le sont par la joute.[42] » Pas de déploiement du devenir sans guerre ou friction. En effet, avec le remplacement d'une image par une autre, d'une suivante par une autre, il y a à la fois fluidité et opposition : les images se font la guerre entre elles ; il n'y a, en général, ni symphonie, ni harmonie. Cette friction n'est pas sans poser

[39] Jean-Luc Godard, *Histoire(s) du cinéma*, Paris, Gallimard-Gaumont, 1998, t. 2 *Seul le cinéma. Fatale beauté*, p. 160.

[40] *Cf.* autre chapitre du livre.

[41] Héraclite, *Fragments*, n° 105, *in* Battistini, *Trois présocratiques*, Paris, Gallimard, 1987, p. 44.

[42] Héraclite, *Fragments*, n° 128, trad. M Conche, Paris, PUF, 1986, p. 347.

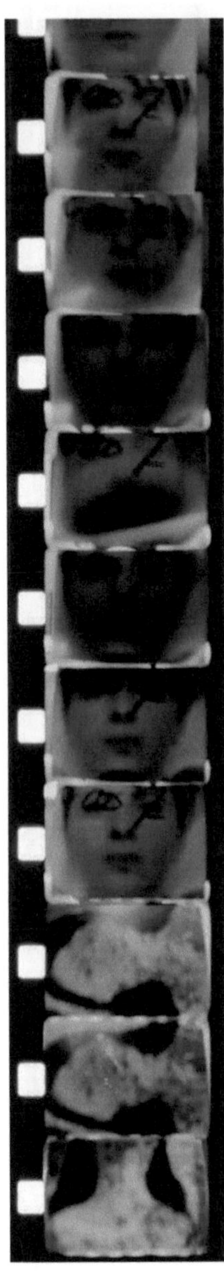

un problème dans la mesure où le producteur, surtout s'il est artiste, vise une unité de ce qu'il produit ; or il peut y avoir chaos, chaos entre les images. Si le chaos est non maîtrisé, il est plus difficile de penser l'objet selon la logique traditionnelle de l'œuvre ; toutefois, il peut y avoir une esthétique du chaos ; en tout cas, il y a toujours en sous-texte ou en texte affiché une esthétique de la friction en vidéo. Cette esthétique est dionysiaque et non apollinienne, au sens nietzschéen des termes. « Il faut encore porter en soi un chaos, pour pouvoir mettre au monde une étoile dansante. » écrit Nietzsche dans *Ainsi parlait Zarathoustra.* Certaines vidéos sont des étoiles dansantes : le chaos est à la fois dans la vidéo et chez le créateur même ; le récepteur doit être aussi lui-même habité par un chaos, ou bien habitable par ce chaos pour que l'œuvre chaotique soit recevable avec toute sa force. Un chaotique bloc d'images internes habite alors le sujet. Ce chaos chahute aussi l'acteur qui vit en lui une friction entre ses personnages et leurs images : « J'ai toute cette masse de films autour de moi, les bons, les mauvais, écrit Depardieu. Tous les personnages que j'ai joués vivent en moi comme une famille de fantômes.[43] » La fiction de la vidéo est donc aussi à l'intérieur des êtres humains : récepteurs, acteurs et créateurs ; elle leur parle. Les images sont alors des personnages. Elles s'articulent à, voire modèlent notre imaginaire : « L'imagination imite des modèles exemplaires – les Images –, les reproduit, les réactualise, les répète sans fin, écrit Mircea Eliade. On s'explique alors la grâce et la ruine de l'homme qui 'manque d'imagination' : il est coupé de la réalité profonde de la vie et de sa propre âme.[44] » Les enjeux sont donc anthropologiques,

---

[43] Depardieu *Monstre*, Paris, Le Cherche Midi, 2017, p.183.
[44] *Op. cit.*

philosophiques, artistiques et esthétiques.

Notons qu'au cinéma, le chaos est rarement présent, et bien des films ne sont que des histoires filmées par des regards insipides. « Le seul endroit où je n'ai jamais trouvé grand-chose, écrit Depardieu, c'est du côté de l'Amérique. Je me demande parfois si leur désert le plus remarquable n'est pas leur désert spirituel. [...] Même leur cinéma, avant d'être du cinéma, est un moyen de dominer le monde.[45] » Ah, les états-uniens et leur impérialisme frictionnel face au monde. Dziga Vertov et *L'homme à la caméra* de 1929 ou Godard et certains de ses films sont plus une exception que la règle ; il est d'ailleurs surprenant que Godard n'ait pas radicalement changé de scène sociale et artistique pour se situer dans l'art-contemporain, et non pour jouir de la situation d'incompris dans le monde du cinéma. Relisons *Histoire(s) du cinéma* de Godard :

> un allemand, Erich Pommer / fondateur d'Universal / aujourd'hui, Matsushita Electronics / s'exclamait / je ferai pleurer le monde entier / dans son fauteuil / peut-on dire qu'il a réussi / d'une part / il est vrai que les journaux et télévisions / du monde entier / ne montrent que de la mort / et des larmes / mais d'autre part / il est vrai aussi / que ceux qui restent / à regarder la télévision / ils n'ont plus de larmes à pleurer / ils ont désappris à voir[46]

Des vidéos de Kœst[47] nous l'exemplifient : reposons en paix…

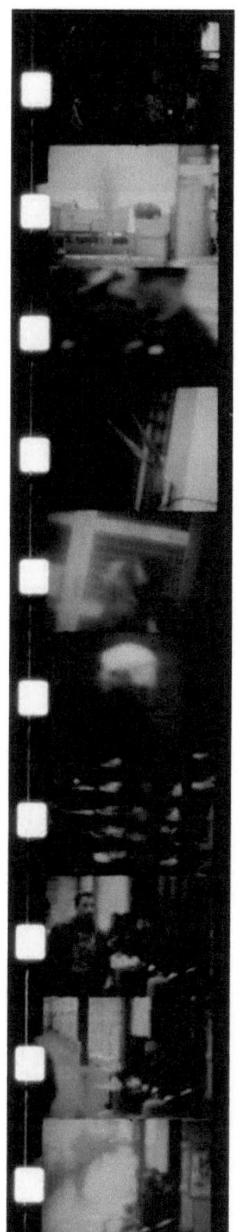

[45] Depardieu, *Monstre*, Paris, Le Cherche Midi, 2017, p.169.

[46] Jean-Luc Godard, *Histoire(s) du cinéma*, Paris, Gallimard-Gaumont, 1998, t. 3 *La monnaie de l'absolu. Une vague nouvelle*, p. 39.

[47] *Cf.* chapitre 5 de ce livre.

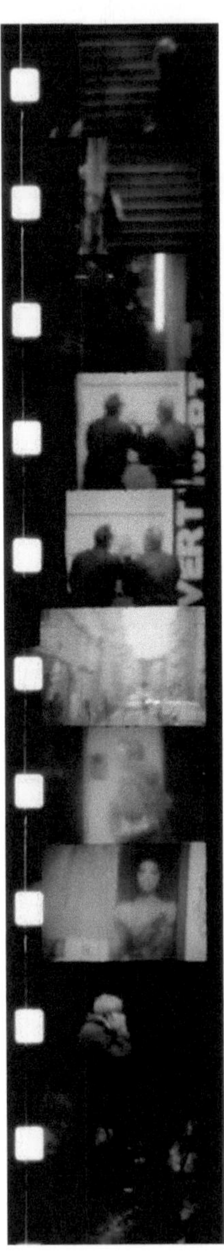

Nous pouvons maintenant entendre la phrase d'Héraclite : « La matière, sans commencer ni finir, en même temps naît et meurt, survient et disparaît.[48] » Ne peut-on pas l'utiliser pour décrire ce qu'est une vidéo travaillant la friction ? Cela irait à ravir. En effet, il y a un flux d'images sans arrêt ni fin si on le désire et sans commencement non plus : on est face à la matière image-mouvement. Et, par la friction, chaque image peut être un élément d'un grand tout fluide ; la friction permet la composition.

Une série d'images défile : à toute vitesse, en jouant sur le rythme, la vitesse et l'accélération. Que voit-on dans *Momento* ? Certes des images ; mais aussi la vidéo même : on voit une vidéo dans sa matérialité ; c'est une expérience concrète de la concrétude de la vidéo. On passe de la logique apparition/disparition à celle du remplacement : une image en remplace une autre, vite, très vite, au point que notre mémoire visuelle ne suit plus et que, par ce brouillage, on entre dans le flou, le flot et le flux ; on entre dans une « musique ». Cette vidéo ne relève pas du cinéma, de la pellicule filmique, mais d'une addition d'images, faites parfois avec un appareil photographique, notamment la fameuse « mitraillette » à images qui prend des images comme une mitraillette tire des rafales de balles et qu'utilise Zorzal. Et l'on peut alors évoquer la chanson de Jacques Brel *Au suivant* :

> Au suivant / Au suivant / J'avais juste vingt ans et nous étions cent vingt / À être le suivant de celui qu'on suivait [...] / Au suivant / Au suivant / Moi j'aurais bien aimé un peu plus de tendresse / Ou alors un sourire ou bien avoir le temps / Mais au

---

[48] Héraclite, *Fragments*, n° 105, *in* Battistini, Trois présocratiques, Gallimard, p. 44

> suivant / Au suivant [...] / Je jure sur la tête de ma première vérole / Que cette voix depuis je l'entends tout le temps / Au suivant / Au suivant

Et il finit par :

> Et quand je ne délire pas j'en arrive à me dire / Qu'il est plus humiliant d'être suivi que suivant / Au suivant / Au suivant

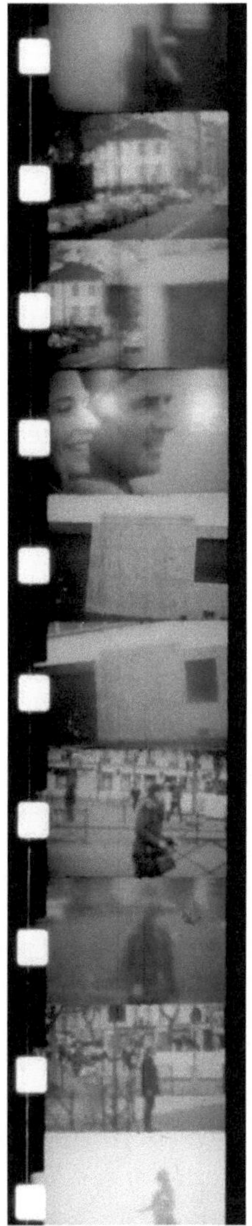

Mais, peut-on ne pas délirer face à un flux d'images ?

Et qu'est-ce que nous délivre un flux d'images en friction ?

L'image n'est plus l'image ; c'est à la fois l'image suivante *et* l'image suivant l'image précédente ; c'est l'élément de la série (mathématique) ; donc c'est la série qui prime, la structure, la forme. Et le regardeur est comme le personnage de Brel : il ne fait que suivre ; il aimerait bien « avoir le temps », mais il n'est pas maître du temps ; il n'a aucune maîtrise sur le temps ; il n'est ni le réalisateur de la vidéo, ni *a fortiori* l'artiste ; bien plus, le temps est ce qui le dépossède de sa liberté et de sa souveraineté ; il est esclave du temps et du flux, enchaîné à la vidéo, comme le prisonnier de la caverne de Platon. Alors, tout est flou et l'artiste peut en jouer : l'esthétique de la friction s'appuie sur une esthétique du flou.[49]

Toutefois, s'il quitte son statut de récepteur face au défilé d'images, il peut prendre la main, à savoir accélérer ou ralentir le flux, reculer ou avancer autrement dans le flux. Peut-on dire qu'il y a alors friction entre le

[49] François Soulages (codir. avec Pascal Martin), *Les frontières du flou*, *(Flou 1)*, Paris, L'Harmattan, coll. *Eidos*, 2013, *Les frontières du flou au cinéma*, *(Flou 2)*, *idem*, 2014. François Soulages (codir. avec B. D'Angelo), *Le flou de l'image*, *(Flou 4)*, *idem*, 2019.

concepteur et le praticien du flux ? Pas vraiment, sauf si le concepteur est autoritaire – version névrotique et négative de l'auteur qui ne fait plus preuve d'autorité, mais d'autoritarisme ; sauf s'il veut que la vidéo soit reçue uniquement comme il l'a conçue et décidée, se prenant apparemment pour Dieu, en fait pour un commissaire de police ou un juge maniaco-rigide. On est alors loin de la dialectique concepteur/récepteur ; on est face à l'ordre du petit dictateur qui interdit toute interprétation[50] ; on est alors face non plus à une œuvre d'art ouverte, mais à un message fermé, en dernière analyse sans aucun intérêt, car relevant de la communication. C'est quelque part si rassurant d'être paranoïaque, de croire dogmatiquement que l'on possède la vérité, d'avoir l'illusion qu'il n'y a pas d'interprétation mais que des faits d'images, que la friction n'est qu'une apparence de l'être un... Pourquoi, en effet, s'intéresser aux produits autocentrés d'un fabricant d'une série d'images ? Il n'y a plus ni interprétation d'un sujet qui cherche et se cherche, ni rêve[51] (créateur) pour ce sujet en quête. Relisons *Histoire(s) du cinéma* :

> si une image / regardée à part / exprime nettement quelque chose / si elle comporte / une interprétation / elle ne se transformera pas / au contact d'autres images / les autres images n'auront / aucun pouvoir sur elle / et elle n'aura aucun pouvoir / sur les autres images / ni action / ni réaction / elle est définitive et inutilisable / dans le système / du cinématographe[52]

Est-ce si simple ? Comme si ça pouvait fonctionner comme s'il n'y avait pas système ! Or qu'est-ce qu'une vidéo, sinon un système d'images et de sons ? Et qu'est-ce qu'un système ? Un tout dans lequel il y a des frictions, mais qui continue à se déployer comme un tout et comme un *Un*.

Car ce qui est grave – et Brel le montre bien –, c'est d'intérioriser le fait d'être le suivant et le remplaçable : on ne peut

---

[50] François Soulages, *Interprétation & art. Risque & nécessité, (Interprétation 1)*, (dir.), Paris, L'Harmattan, collection *Eidos*, 2019, *Interprétation & extériorité, (Interprétation 2)*, (codir. avec T. Tremblay), *idem*, *Photographie & interprétation, (Interprétation 3)*, (dir.), *idem*, 2022.

[51] François Soulages, *L'homme qui rêve*, (codir. avec A. Adam), Paris, L'Harmattan, collection *Eidos*, série RETINA, 2015, et *Les frontières des rêves*, (codir. avec A. Adam & A. Radvanszky), *idem*.

[52] Jean-Luc Godard, *Histoire(s) du cinéma*, Paris, Gallimard-Gaumont, 1998, t. 2 *Seul le cinéma. Fatale beauté*, p. 162.

plus alors vivre l'unique et l'événement dépendant certes de l'œuvre, certes du *kairos*, certes du créateur de la vidéo, mais aussi du regardeur – et ce, sans vouloir user jusqu'à la corde de la référence à Duchamp. L'expérience d'une vidéo, même si elle s'accompagne de friction ne doit pas être une « humiliation », comme celle décrite par Brel. Difficulté d'être le suivant, le frère du prodigue, Abel, Remus, une simple image révoltée dans une famille d'images…

Création

Il faut donc passer de la servilité aliénante que l'image peut produire à *autre* chose, à quelque chose d'*autre* ; et c'est la création, à savoir la mise en œuvre d'une altérité et d'un événement, qui permet de rendre la friction féconde en vidéo ; la friction se veut alors créatrice car autre. Et cela produit l'entrelacement des images[53] dans une dynamique de friction ; nous passons alors d'une esthétique classique de la vidéo à une esthétique baroque[54] dont les causes sont les jeux avec les frontières ; car les frontières sont là, dès le départ, dans un film-vidéo. Les frontières des écrans[55] ? certainement, notamment dans la projection simultanément sur plusieurs écrans de vidéos différentes, voire d'une même vidéo ; on peut alors passer la vidéo soit en synchronie, soit en décalage ; c'est la friction des écrans due aux frontières des écrans. Et le tout donne la friction du visible, produit des frontières du visible[56]. Face à ce déluge d'images, le récepteur, parfois acteur, réactive involontairement sa mémoire et ses oublis, ses archives archétypales et son inconscient[57]. La friction est alors, ici, non seulement créatrice d'œuvres, mais aussi productrice de bouleversements existentiels : le sujet est véritablement frictionné à son tour. La friction devient le corrélat du trauma.

---

[53] François Soulages, *Imagens entrelaçadas*, (codir. avec G. Prado & S. Venturelli), Sao Paulo, Universidade Anhembi-Morumbi, 2020.
[54] François Soulages, *Barroco & interface e arts hybridas,* (codir. avec A. Olivieri), Salvador, Cultura visual, 2006.
[55] François Soulages, *Les frontières des écrans*, (codir. avec S. Le Corre), Paris, L'Harmattan, collection *Eidos*, série RETINA, 2015.
[56] François Soulages, *Les frontières du visible. New York*, (codir. avec J.-C. Bourcart & A.-L. Large), Paris, L'Harmattan, collection *Eidos*, 2018.
[57] François Soulages, *Frontières & mémoires, arts & archives*, (codir. avec A. Erbetta), Paris, L'Harmattan, collection *Eidos*, 2015.

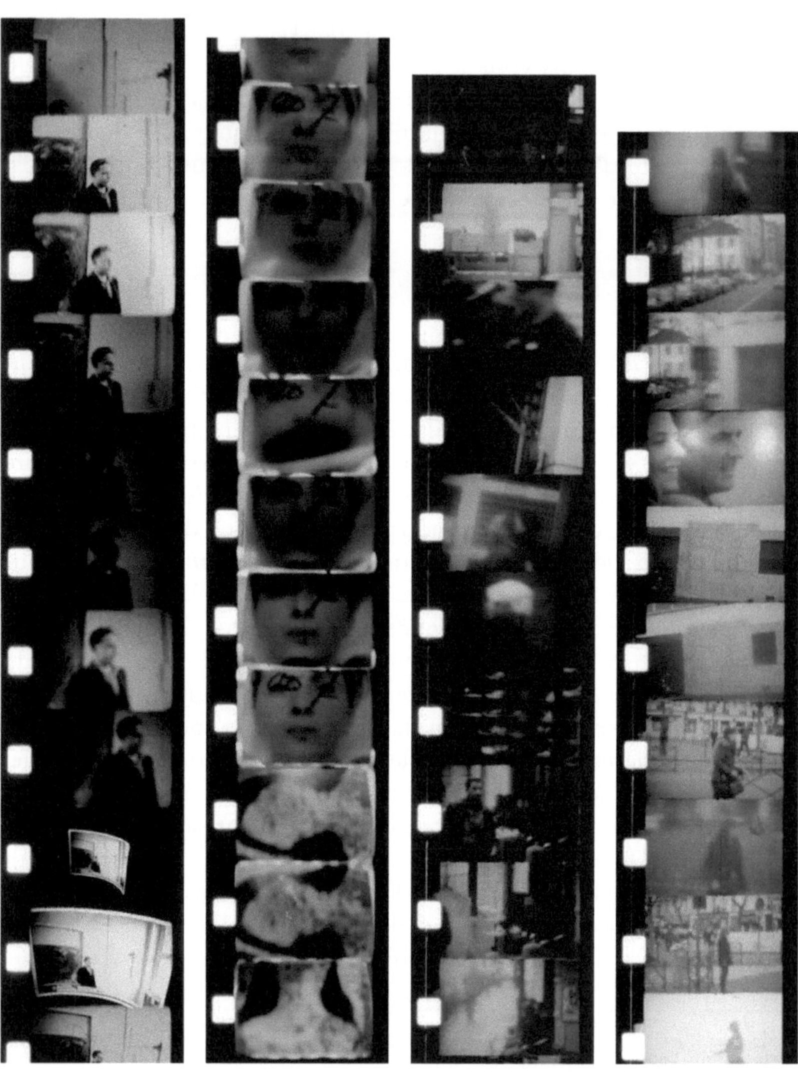

Bruno Zorzal, *Mouvement #2*, in série *Flux*
2017 (2012-2014)
Films Super 8 transférés sur 2K
Vidéo-installation, dimensions variables, muet, 14 min en boucle
[Dans l'image : morceaux de la pellicule]

L'enjeu de la friction dans la vidéo dépasse donc l'art : il renvoie au sans-art[58] – il y a aussi de la dysharmonie possible dans la vie d'un homme, mieux, dans son existence. Écoutons Andrée Chedid : « Toute vie / Amorça / Le mystère / Tout mystère / Se voilà / De ténèbres /Toute ténèbre / Se chargea / D'espérance / Toute espérance / Fut soumise / À la Vie[59] » Et nous revoici face au mystère de la vie et de la création, de l'image et du mouvement, de la création et de la réalisation ; la vie dont parlait Céline.

Et cette friction a aussi pour cause la tendance à l'association involontaire des images : *Momento* en est un bon exemple. « Plus une image s'impose avec fréquence à notre considération, plus on l'associe à un important nombre d'images, écrivait déjà Spinoza. En effet, plus on associe d'images à une autre image, plus il existe de causes suscitant cette image.[60] » Et ces associations ne sont que rarement des associations d'images ressemblantes et cohabitant paisiblement ; ce sont souvent des associations d'images opposées, voire hostiles entre elles, ce qui génère, bien sûr, des frictions. S'instaure alors une dialectique entre les images et la production d'images dialectiques, au sens où l'entendait Benjamin : « Une image dialectique est ce en quoi l'Autrefois rencontre le Maintenant, dans un éclair, pour former une constellation. En d'autres termes : l'image est la dialectique à l'arrêt.[61] » Au récepteur de jouer, selon sa temporalité particulière et singulière, avec les images et les temps[62], avec les imaginaires et les mémoires.

Et, grâce à la vidéo, ce jeu est frictionnant, tel un massage de l'imaginaire et de l'inconscient, tout comme l'est le massage du corps ; d'ailleurs, parfois, les images massent aussi le corps qui ne reste pas indifférent au flux d'images-frictions. Ce rapport entre les images est même, métaphoriquement, sexuel ; en effet, du choc et du mouvement entre deux images singulières différentes, naissent un

---

[58] *Cf.* le chapitre de Gabriel Baudrand dans ce livre.

[59] Andrée Chedid, « Rythmes », *in Rythmes* (2003), Paris, Poésie / Gallimard, 2018, p. 35.

[60] Spinoza, *Éthique*, IV, 12.

[61] Mentionné chez Giorgio Agamben, *Signatura rerum*, Buenos Aires, Adriana Hidalgo, 2009, p. 100.

[62] François Soulages, *Images de l'avenir & avenir des images*, codir. avec A. Lichtensztejn, Paris, L'Harmattan, coll. *Eidos*, série Image, 2023.

plaisir[63] et une jouissance du sujet face au tourbillon d'images dont, parfois, on n'a plus de mémoire, face au sublime. Mais peuvent se produire aussi une révulsion et une répulsion, la friction agressant la vue et le corps, l'esprit et l'imaginaire. Il y a donc une approche physique et sensible, sensorielle et sensuelle de ces vidéos ; et une approche esthétique – *aesthesis*…

Et la friction produit, comme avec deux silex, des étincelles et, ainsi, des émerveillements. La vidéo devient un feu d'artifice qui engendre un décentrement du film et du sujet : ce n'est plus l'objet film qui compte, c'est l'effet film devant lequel le sujet voit que ça se passe ailleurs ; la preuve en est qu'il ne peut en rendre compte. La friction est ainsi non seulement créatrice, mais aussi poétique : une utopie se réalise[64]. La friction du film vidéo permet alors d'être non pas face aux images, ni à côté des images, mais auprès, mieux, à partir des images. Une esthétique du *à partir de* doit alors être mise en œuvre[65].

Ainsi, un artiste faisant des films vidéo travaille avec *des* images. Et ces images s'opposent entre elles et engendrent une friction qui envahit tout. Pourtant, ce tout en friction, en fusion et en fission, constitue une image, non pas une image orpheline, mais une image-empire. L'artiste peut alors reprendre ce qu'écrivait Nerval : « C'est une image que je poursuis, rien de plus.[66] » Une image faite de toutes les images-atomes, une pluie d'images : « Mes films sont comme une petite pluie, dit le cinéaste Bong Joon-ho. Au début, on ne sent rien, mais on finit quand même par être complètement trempé.[67] » ; l'artiste vidéaste peut aussi le dire, car, après avoir expérimenté les frictions d'un film-vidéo, l'air de rien, nous sommes « complètement trempés », nous ne sommes plus comme avant. C'est l'effet musique ; outre que la musique joue souvent un rôle fondamental : elle permet aux images de coller à nous. Simenon l'explique bien : « Certaines images, sans raison, sans que nous n'y soyons pour rien, se

---

[63] François Soulages, *Prazer da imagem*, (codir. avec G. Prado & S. Venturelli), Sao Paulo, Universidade Anhembi-Morumbi, 2020.
[64] François Soulages, *Image & utopie,* (codir. avec B. D'Angelo), Paris, L'Harmattan, collection *Eidos*, série Image, 2020.
[65] François Soulages (dir.), *Éloge de l'esthétique* (dir.), Paris, L'Harmattan, collection *Eidos*, Série Philosophie, 2023.
[66] Gérard de Nerval, *in* Laura Alcoba, *La danse de l'araignée*, Paris, Gallimard, 2017.
[67] Bong Joon-ho, *in Télérama*, 29/5/19, p. 23.

raccrochent à nous, restent obstinément dans notre souvenir alors que nous sommes à peine conscients de les avoir enregistrées et qu'elles ne correspondent à rien d'important.[68] »

Le « rien d'important » fait exploser notre imaginaire ; et c'est tout ce qui compte, car Bachelard a raison : « la valeur d'une image se mesure à l'étendue de son auréole imaginaire.[69] » Les films vidéo qui travaillent la friction sont comme les saints : ils ont une auréole imaginaire. Doit-on, pour autant, prôner « le Culte des images » cher à Baudelaire ? Ne faut-il pas être plus matérialiste, comme l'indique Feuerbach, et critique l'image ? Iconodules ou bien iconoclastes ? En dernière instance, le problème est à la fois esthétique et théologique, donc politique et métaphysique.

François Soulages
Zürich, le 13 février 2023

[68] Georges Simenon, *Maigret et le client du samedi* (1962), Paris, Presses de la Cité, 1982, p. 9.
[69] Gaston Bachelard, *L'air et les songes.*

Chapitre 2

Penser le film

Tacita Dean & le cinéma d'exposition

Le film comme puissance de transfert

À partir du moment où le cinéma quitte sa salle d'exhibition classique et entre dans le champ des exhibitions dans les musées, galeries et autres institutions artistiques, on peut dire qu'il devient un *transcinema*, tel que cela est conceptualisé par l'artiste et chercheuse en cinéma Katia Maciel. En effet, il se transforme en « une image qui génère ou crée une nouvelle construction d'espace-temps cinématographique, dans laquelle la présence du participant active la trame développée[70] ». On offre au corps une immersion physique dans les images ; le spectateur peut alors devenir un sujet actif. Le participant a le choix de se déplacer dans l'espace, de déterminer vers où diriger son regard et de décider du temps de son expérience, puisqu'il sera privé d'un référentiel fixe et stable. Bref, on questionne le point de vue monodirectionnel.

Le théoricien et critique Philippe-Alain Michaud introduit, pour cet autre régime de visualité filmique, le concept de *puissance de transfert*[71]. Une telle conceptualisation opère un lien entre film et

---

[70] Katia Maciel (dir.), *Transcinemas*, Rio de Janeiro, Contracapa, 2009, p. 17.

[71] Philippe-Alain Michaud, *Programa Mar na Academia. Cours: O espectro cinematográfico*, 23 sept. 2014, Rio de Janeiro (Conférence), Escola do Olhar/Museu de Arte do Rio, disponible en ligne <https://www.youtube.com/watch?v=UC2vnlAqygY>, 04'04", accès le 9 mars 2023.

projection et permet de penser la matière cinématographique indépendamment de la photographie et de cette idée du cinéma comme forme de spectacle, en le séparant de son fond photographique, afin d'affirmer sa présence et sa matérialité, faisant ainsi de la projection un événement cinématographique.

Michaud comprend que la notion de film ne doit pas être confondue avec celle de cinéma : « avant d'être un dispositif de spectacle, quel que soit l'équipement technique qui le supporte, le film est une façon de penser les images[72] ». L'expérience du cinéma ne se produit que si la matérialité du film disparaît ; et, paradoxalement, pour que le film fonctionne comme un film, il faut affirmer sa présence matérielle. Les *ciné-installations* permettent d'élargir cette voie ouverte avec des films expérimentaux et des films d'artistes ; on ouvre l'image à son statut de non fiction, tandis que le dispositif réflexif de projection revient, conformément à la spatialité désignée, « à plusieurs reprises, à son propre pouvoir de générer des formes – retour au terme duquel ce n'est plus le réel qui se reflète dans le film ; au contraire, c'est celui-ci qui se reconnaît dans la complexité du réel, comme le dos d'un miroir.[73] » Le cinéma classique est vu par l'auteur comme une dématérialisation de l'expérience du film et, de son point de vue, il faudrait que nous puissions reconsidérer l'histoire du cinéma à travers l'art pour comprendre le film dans sa puissance totalisante. C'est-à-dire qu'il nous invite à une analyse du cinéma faite « à partir de ses bords – ses origines, ses usages avant-gardistes et expérimentaux, la manière dont il communique et échange ses propriétés avec les autres arts, ou par lequel il se constitue comme forme discursive –, pour donner à l'expérience cinématographique sa véritable extension[74] ».

La *puissance du transfert* dans son processus de matérialisation du film permet à celui-ci de se séparer de son cadre (écran classique d'exhibition) et lui offre la possibilité d'occuper l'espace architectural. Dans ce contexte, Katia Maciel produit le concept de *transcinéma*, une élaboration qui propose la rencontre entre le langage cinématographique et les arts dits plastiques et/ou visuels. Pour elle, tout comme la photographie a imposé des changements à la peinture,

---

[72] Philippe-Alain Michaud, *Filme: por uma teoria expandida do cinema*, Rio de Janeiro, Contraponto, 2014, p. 11.
[73] *Ibid.*, p. 12.
[74] *Ibid.*, p. 11.

« le cinéma contemporain, plongé dans les nouvelles technologies de l'image, expérimente l'espace hors cadre et les limites linéaires du récit[75] ». Dans ce contexte, le spectateur et sa condition sont également appelés à se rapporter autrement à la production. C'est précisément cet *effet cinéma* au sein des arts dits visuels qui fera voir un régime d'image qui trouve sa place en dehors de la salle de cinéma traditionnelle.

Tacita Dean : le film & l'argentique comme formes du penser

Ainsi, on entre dans les notions de *cinéma d'exposition*[76] ou de *cinéma dispositif*[77], bref, en immersion dans un type de visualité qui constitue des dialogues féconds avec la spatialisation de l'image par rapport à l'architecture et l'interruption du flux temporel – qu'il s'agisse de l'espace du film ou de l'installation : la présentation d'images en mouvement, par exemple dans le white cube, reconfigure le son avec l'espace, ce qui est déjà donné comme *a priori* dans la *forme cinéma*. Face à un *cinéma d'artiste*, la continuité est contingente, ou se forme dans le parcours singulier de chacun.

Si, pour Michaud, « la toile n'est pas une fenêtre par laquelle le monde ou le reflet du monde s'étendent en profondeur émancipé du photo tirage et dissocié de son appareil technique, qu'il ne cesse de déplacer et de transformer[78] », et s'il faut alors reconsidérer, dans un horizon événementiel amplifié, nos conventions sur l'histoire de l'image en mouvement *à partir de ses bords* pour qu'on soit capables de *donner à l'expérience cinématographique son réel extension*, on comprend comment l'artiste britannique Tacita Dean (1965-) est une force motrice pour ces réflexions sur le *cinéma d'artiste* et la *puissance de transfert*.

Le corps d'œuvres de cette créatrice a trouvé, à la place de l'expérimentation, un potentiel d'une grande importance. Il suffit de voir sa production intitulée *Kodak* (2006), où l'on est face au dernier jour de fonctionnement d'une usine de films argentiques 16 mm de

---

[75] *Op. cit.*, p. 15.

[76] Philippe Dubois, *Cinema, vídeo, Godard*, São Paulo, Cosac Naify, 2004, p. 113.

[77] André Parente. “Cinema de vanguarda, cinema experimental e cinema do dispositivo”, *in* Fernando Cocchiarale, André Parente, *Filmes de artista: Brasil 1965-80* (catalogue d’exposition), Rio de Janeiro, Contra Capa, Metropolis Produções Culturais, 2007, p. 38.

[78] *Op. cit.*, p. 12.

Kodak à Chalon-sur-Saône, en France, où « était fabriqué le film à perforation simple avec lequel, justement, l'artiste a réalisé l'enregistrement, filmant la production de la dernière génération de pellicules, avant que la fabrique ne ferme définitivement ses portes[79] ». Face à un montage à système infini par moyen du *looping*, nous restons hypnotisés face à une image d'une journée sans fin, en attente d'un dénouement concentrique, tel un ruban de Möbius, qui commence et se termine en soi-même.

Ce film a été présenté en territoire brésilien lors de l'exposition *Tacita Dean : la mesure des choses* qui s'est tenue à la Casa da Gávea, siège de l'Instituto Moreira Salles à Rio de Janeiro. Là, suivant le trajet du public, nous faisions face à un couloir sombre avec une seule lampe rouge allumée, un éclairage similaire à celui utilisé dans les laboratoires photographiques de développement. C'est pourquoi on pourrait aussi penser à une opération de passage physique entre le corps qui traverse l'espace de la maison et la danse que le film celluloïd effectuera en traversant l'ensemble des machines dans cet espace laboratoire de fabrication de films, approchant les processus chimiques d'environnements argentiques, de plus en plus rares – où le geste manuel d'opération de la matière photographique et filmique s'effectue.

Le projet de travail de Dean se fonde exclusivement sur des systèmes argentiques, ses intérêts se tournent vers des éléments, des dispositifs, des appareils et des technologies qui, à un moment donné dans le passé, sont apparus comme nouveaux, innovants ou ont véritablement projeté une idée d'avenir. À propos de Kodak et de l'analogique[80], l'artiste commente :

> J'ai réalisé que je ne savais pas ce que signifiait « analogique ». (...) « Analogique », semble-t-il, est une description – une description, en fait, de toutes les choses qui me sont chères. C'est un mot signifiant proportion et ressemblance, et désigne, selon une explication, la représentation d'un objet ressemblant à l'original ; non pas une transcription ou une traduction, mais un équivalent sous une forme parallèle : continûment variable, mesurable et matérielle.[81]

---

[79] *Op. cit.*, pp. 28-29.

[80] « Argentique » en français.

[81] Tacita Dean, *Tacita Dean: a medida das coisas = the measure of things* (catalogue d'exposition), São Paulo, IMS, 2013, p. 63.

En revisitant ces formes matérielles, elle marche sur les ruines d'un futur utopique de la modernité, de ces idées de progrès qui ont totalement échoué au cours du XXème siècle avec les deux grandes guerres. Ainsi, interprétant le geste de Dean comme celui d'une avant-gardiste obsolète, on pourrait penser la notion de la ruine comme un chantier, considérant que dans des œuvres successives elle tourne de nouveau son regard, pour ainsi dire, vers le rétroviseur, vers une image qui se trouve derrière et qui a été (et qui suit vivement le cours d'être) remplacée par une nouvelle technologie en plein essor ou, même, renversée pour faire place au nouveau (de nouveau) qui, par obsolescence programmée, avec ses airs d'oracle capitaliste, tout dévore. C'est dans ce contexte que l'idée de « borde » pointé par Michaud converge avec les réalisations de l'artiste.

Pour l'auteur, et comme dans le geste benjaminien de *brosser l'histoire à rebrousse-poil*, Dean nous fait comprendre l'histoire du film comme une sorte d'histoire provisoire des choses. *Kodak* n'est qu'un des exemples dans la production de l'artiste qui nous fait voir la notion du futur comme un système spéculatif, et qui, présenté comme une avant-garde obsolète, quelque peu décadente, nous fait réfléchir que ce *devenir-technologie* n'est pas figé, et, pour cette raison, doit être mise en question pour être vue dans des révisions continuelles. Cela mêlera ses préoccupations filmiques à celles de Michaud. Ainsi, l'artiste « s'intéresse aux effets de ce qu'elle appelle 'l'obsolescence', en filmant des lieux abandonnés ou des appareils qui n'ont pas encore complètement disparu, mais qui ont déjà perdu leur fonction[82] ».

C'est par me moyen de la traversée de l'avant que l'on peut mieux comprendre l'invisible des choses qui s'instaurent dans le maintenant (ou le *temps-du-maintenant*), mettant en dialogue le passé dans le présent. Par le langage, l'usage du nom *obsolète* redoublerait l'idée benjaminienne de l'avant dans maintenant, car il ne nous renverra pas « [...] l'image de la chose à son propre passé, mais, au contraire, il l'en extirpera pour lui donner, dans l'ordre de l'image, une nouvelle vitalité[83]. »

Malgré la disparition imminente de l'argentique dans de nombreuses sphères de la vie contemporaine, l'artiste continue de travailler sans outil numérique. À savoir, *Kodak* a été monté par elle

---

82 *Op. cit.*, p.29.
83 *Idem.*

avec l'utilisation d'une moviola à une échelle privée. « Le monde argentique est mon seul monde, dit-elle, jurant qu'elle préférerait s'éloigner complètement de l'art plutôt que de succomber à la tendance numérique qui a déjà dominé tant de ses pairs.[84] »

Devant le film (et sa matérialité qui traverse le projecteur), Dean met en tension un procédé récursif d'un dispositif qui exhibe une image qui, dans sa narration, aborde précisément la forme de sa construction matérielle. L'espace aménagé pour son travail à Rio de Janeiro invitait le public à emprunter un couloir sombre avec une lumière rouge équivalente à celle utilisée dans les laboratoires de développement argentique de pellicules, puis à tourner à droite vers un cube blanc transformé en chambre noire où était projeté, en boucle, son film Kodak 16mm. Comme il n'y avait pas de cabine, le projecteur était placé à l'intérieur de la salle et le public assistait à la fois à la représentation visuelle de la fabrication matérielle du film et à la bande de film parcourant son dispositif d'activation. En fusionnant le son des machines industrielles utilisées dans la fabrique de Chalon-sur-Saône avec le son même de l'élément matériel circulant sans cesse dans et hors de l'appareil de projection, Dean constitue à la fois un procédé métonymique et un geste de récursivité. Ainsi, la surface et la profondeur convergent et le présent a la force de projeter à la fois le passé et l'avenir.

Ici aussi, structure et narration sont liées de façon tautologique, car ce que nous voyons dans la projection est précisément la production de cet élément matériel – le film celluloïd 16 mm – qui est également présent dans la salle comme un puissant dispositif physique, plastique et sonore. « Ainsi, le film est devenu la mise en abîme – une mise en abîme perceptible aussi dans son titre – de sa propre fabrication, et sa projection sur un circuit dans l'espace d'exposition joue de cet effet d'abîme, comme dans un miroir.[85] »

Dans son œuvre, l'écrivain Jorge Luis Borges développe une démarche équivalente en se construisant un univers littéraire qui parle de la littérature elle-même. Parmi ses nombreux écrits, soulignons sa nouvelle « La Bibliothèque de Babel », présente dans le livre *Fictions* (1944), dans laquelle l'auteur nous présente un monde appelé *La*

---

[84] Philip Tinari, *Meditations on time – The Unilever Series: Tacita Dean*, disponible en ligne <https://www.tate.org.uk/tate-etc/issue-23-autumn-2011/meditations-on-time>, accès le 9 mars 2023, notre traduction.

[85] *Op. cit.*, p. 29.

Bibliothèque, où vivent ses habitants, les *imparfaits bibliothécaires*. Sans extérieur possible et avec une structure infinie à la fois vers le haut et vers le bas et également sur les côtés et les diagonales, la Bibliothèque (le monde duquel parle Borges) est composée d'un ensemble de salles égales et différentes. Égales, car elles ont toutes le même format de galeries hexagonales, et différentes, car leur contenu varie vers l'inconnu. Si la littérature de Borges habite une sorte d'entropie circulaire, chez Dean nous sommes également confrontés au même procédé récursif, la préoccupation avec le *film* et le *film même*, le récit et la structure, la forme et le contenu, la figure et le fond.

En ce sens, chez Kodak, nous marchons dans un couloir sombre pour faire face à l'histoire de la fin de la production matérielle du film 16 mm – une histoire qui s'ajoute aux nombreuses fins des choses argentiques. Pour le dernier jour d'opération de l'espace, la sensation est qu'il semble que nous soyons devant une répétition pour la dernière présentation d'une pièce de théâtre ; ou même, Kodak nous apporte ce sentiment de curiosité lorsque nous regardons recto et verso une vieille photographie à la recherche d'indices ; enfin, l'artiste elle-même utilisera des photos achetées aux marchés aux puces dans le cadre d'autres œuvres présentes même dans l'exposition à *Casa da Gávea* –, ou comme si nous lisions les notes de fin d'un texte, dévoilant ce qu'il y a derrière l'image, ses modes de production, ses formes de pensabilité et, enfin, ses régimes de visibilité. Cependant, l'ouvrage parle aussi des notions d'abandon et de perte de sens des choses qui, à un moment donné, avaient leurs fonctions liées à des attributions d'un autre ordre lorsqu'elles étaient endossées par l'insigne de la nouveauté et du développement technologique.

La boucle, recours couramment utilisé dans les installations vidéo/cinéma, peut être perçue de manière récurrente comme une stratégie de langage dans la production contemporaine, car c'est une manière de faire fonctionner le dispositif. La notion même de *dispositif* est interprétée par différents théoriciens dans les domaines du cinéma, de la vidéo ou encore de la philosophie. La théoricienne Anne-Marie Duguet a discuté les points suivants à propos des machines techniques dans son texte sur l'appareil : « tout dispositif vise à produire des effets spécifiques. Au départ, cet agencement des effets d'un mécanisme est un système génératif qui, à chaque fois, structure l'expérience sensible d'une manière spécifique.[86] »

---

[86] Anne-Marie Duguet, "Dispositivos", *in* Katia Maciel (dir.), *op. cit.*, p. 52.

Dans ce contexte, le dispositif technique de base requiert souvent, de la part du participant à l'expérience, certains ajustements des lentilles qui configurent son regard, sa façon de voir, révélant des strates qui, dans certains cas, impliquent aussi des comportements particuliers face aux œuvres – un problème instauré dans les productions à partir de la seconde moitié du XXème siècle, lorsque les catégories institutionnalisées par le système de l'art se sont élargies.

L'événement filmique et sa matérialité sont aussi à l'origine de *Noir et blanc* (2006), une autre œuvre de la même période, d'environ 4' mn 30' s, où l'on suit une pellicule filmique traversant l'écran en gros plan. Ici aussi, le titre est un indice de ce que l'artiste va explorer dans l'image en mouvement, les croisements de bandes de film qui passent de part et d'autre, dans une danse sans fin à la recherche d'une synthèse des caractéristiques élémentaires qui sous-tendent l'émergence de l'étymologie grecque des deux mots *photographie* – dessiner avec la lumière - et *cinéma* – mouvement enregistré -, et qui sont enfermés dans un troisième qui a émergé en anglais, *film* – pellicule ou membrane. Dans un noir et blanc très contrasté qui rappelle les films expressionnistes allemands, *Noir et blanc* veut nous montrer tout le potentiel contenu dans le grain du film, matière bien ancrée dans le procédé argentique. Pour Tacita Dean, comme un geste traversant, le mouvement du film coupe l'image comme un dessin. « C'est comme si mon état d'esprit était argentique [analogique] quand je dessine : ma rêverie inconsciente se manifeste comme une empreinte sur une surface[87] ».

Et, enfin, complétant le corpus d'œuvres de l'époque, nous avons *Found Obsolescence (Version 4)* (2006), une bande de film 16 mm trouvée et non développée, que l'artiste a montée dans un cadre. Ici, dans un geste radical, on ne voit que la matière, qui à son tour n'a même pas traversé son processus de développement. Ainsi, la bande devient un élément totalement opaque et sa physicalité est isolée en tant qu'un objet capitaliste circulera comme la matière.

Si la forme opaque bloque le passage de la lumière, l'absence de mise au point bloque non seulement l'éclairage, mais aussi les informations visuelles qui y ont été (ou n'ont pas été) filmées, et son titre rejoue avec la condition d'obsolescence qui peut affecter les inventions des choses créées par l'humanité et que nous ne pouvons prédire qu'avec le temps.

---

[87] *Op. cit.*, p. 63.

Considérations finales

Ainsi, on peut associer ce personnage, le matériau-film, des travaux précités de Dean à la mise-en-scène présente dans la construction des installations. Pour Anne-Marie Duguet, un tel mouvement des corps et des éléments qui composent l'espace d'exposition apporte une sorte de *mimesis* théâtral ; pour cette raison même, ce serait un moyen de réfléchir sur le dispositif, car la présence de l'espace « peut exposer le processus de production d'images lui-même, parce qu'il travaille sa fiction dans un espace réel.[88] » C'est en redoublant le regard du récit vers la matière même, inhérente à l'élaboration de ces films, que l'on pourrait appréhender le visible non pas comme une donnée antérieure au film, mais comme quelque chose d'indissociable de sa construction.

Sur la base des idées et des théories présentes chez les auteurs susmentionnés, il est possible de penser le film comme un *pouvoir de transfert*. Tacita Dean, comme présentée dans ce chapitre, exploite visuellement le concept élaboré par Michaud selon lequel le film est une façon de penser. Dans ses œuvres, nous faisons face au détachement de la structure traditionnelle du cinéma en tant que forme de spectacle et nous sommes placés face une expérience de *transcinéma* – pour reprendre le terme de Katia Maciel pour ce régime de visualité. Dean nous offre des images qui prolongent l'expérience dans l'espace et le temps dans ses *événements filmiques*.

Ainsi, nous pensons qu'il est de plus en plus nécessaire d'étudier le film au-delà de sa *forme cinéma*, pour voir ce qu'il y a derrière, ses forces originaires, ses positions avant-gardistes et expérimentales. Le texte reprend Michaud et son livre *Film : pour une théorie élargie du cinéma*, mais trace aussi des relations avec la conceptualisation du *transcinéma* élaborée par Maciel, et la réflexion sur le dispositif écrite par Duguet, deux figures d'importantes actuations pour les théories de l'image en mouvement. Ces écrits dénotent, ainsi, les efforts déployés pour de nouvelles *épistémès* et ouvertures de pensées possibles au-delà de la traditionnelle forme du cinéma, celle que nous nous sommes habitués à comprendre dans notre imaginaire collectif en tant qu'hégémonique. Une telle forme figée *a priori*, où dans notre esprit on visualise aisément le lieu, l'espace, le temps de l'image et du corps quand on parle du substantif

[88] *Op. cit.*, p. 56.

cinéma. C'est-à-dire qu'il faut comprendre ce *modus operandi* hors de son modèle de spectacle et plus près d'un dispositif ouvert, en connectant sa *puissance de transfert* pour pouvoir le revoir en mouvement ; provisoirement, dans des révisions continues, ouvertes aux possibilités de multiples relations entre ses flux d'images et leurs intensités, spatialités, savoirs, visualités et présences, donnant à sa forme une réelle importance en tant que champ de connaissance.

André Arçari

2ème moment
AUTOPOÏÉTIQUE

Chapitre 3

Images en friction & poïétiques du flux
Mouvement #2

Comment faire pour écrire autrement que sur ce qu'on ne sait pas,
ou ce qu'on sait mal ?
C'est là-dessus nécessairement qu'on imagine avoir quelque chose à dire.
On n'écrit qu'à la pointe de son savoir, à cette pointe extrême
qui sépare notre savoir et notre ignorance,
et qui fait passer l'un dans l'autre.
C'est seulement de cette façon qu'on est déterminé à écrire.
Gilles Deleuze[89]

Comment écrire, ou créer, autrement qu'en travaillant sur ce que l'on ne connaît pas, ou ce que l'on connaît mal ? Reformulé en ces termes, le doute de Deleuze resterait-il légitime ? En tout cas, la question peut engendrer une réflexion sur les limites et les possibilités des modes de faire existants et sur le comment de la création dans les arts de l'image en mouvement. Plus précisément, on se demande en quoi les moyens d'expression se constitueraient en tant que tels grâce aux assauts des artistes dans des espaces qu'on connait peu ou qu'on connaît mal. En effet, parmi les directions vers lesquelles pointe la problématique de ce livre, figure celle de l'expérimentation.

Dans ce chapitre, nous cherchons à penser si et comment des images et des actions qui se fondent sur des expérimentations

[89] Gilles Deleuze, *Différence et répétition*, Paris, PUF, 1968, p. 4.

contribueraient à l'expansion d'expériences poïétiques[90] et esthétiques dans le champ de l'image en mouvement et de ses arts. Et, en cela, les raisons pour lesquelles se détacheraient notamment des modes de faire mettant en friction différents moyens d'expression. Ainsi, par analogie aux termes d'Henri Bergson, on se demande comment les expérimentations représenteraient un champ de « création continue d'imprévisible nouveauté[91] » ; condition propice à « un imprévisible rien qui change tout[92] ».

À fin de réfléchir sur l'expérimentation comme territoire de friction propice à la création, nous aborderons quelques aspects de l'œuvre *Mouvement #2*, une installation vidéo multi-écrans créée à partir de photos prises avec une caméra cinématographique amateur, œuvre que j'expose depuis 2017[93].

Les procédés

Dans un premier temps, une description du procédé de fabrication de *Mouvement #2*[94] peut nous fournir des éléments de réflexion. Pour produire chacun des deux films de l'installation, composés de près de quatre mille photos chacun, une caméra Super-8 est utilisée comme appareil photographique et le film résultant est numérisé et projeté en vidéo, sans montage et à vitesse réduite.

Utilisant la caméra de cinéma comme appareil photo, photographiant cadre par cadre, l'œuvre se constitue d'une succession de photos prises séparément et exposées en séquence. L'option par la reproduction à vitesse réduite rend chaque cadre du film visible, même pendant une fraction de seconde. On perçoit, ainsi, chacune des milliers d'images qui donnent corps à l'installation vidéo, forme prise par l'œuvre.

Dans cette façon de faire œuvre, on note l'utilisation aussi possible qu'improbable des moyens (techniques et poïétiques) photographiques, cinématographiques et vidéographiques. De façon que l'on peut envisager que *Mouvement #2* existe à la confluence entre

---

90 *Cf.* René Passeron, *Pour une philosophie de la création,* Paris, Klincksieck, 1989.

91 Henri Bergson, *La pensée et le mouvant* (1938), Paris, Quadrige/Puf, 2006, p. 110.

92 *Idem.*

93 Extrait visible en cargocollective.com/brunozorzal

94 *Cf.* chapitre 1 de François soulages dans ce livre.

la photographie, le cinéma et la vidéo : de la photographie faite avec une caméra de cinéma ; du cinéma fait moins de plans que de cadres, et sans recourir au découpage ou au montage, mais en choisissant de montrer le film tel qu'il a été fabriqué ; et de la vidéo, moyen utilisé pour changer la vitesse de la pellicule et pour l'installer dans l'espace au moyen de la projection vidéo.

Usages, provenance & flux

En pensant à ce mode de fabrication, un premier aspect à souligner concerne l'utilisation, disons peu orthodoxe des outils : utiliser une caméra à intention délibérément photographique ; transformer un film Super 8 de 15 mètres en un long film photographique ; la non-utilisation des découpages et l'exposition des images fixes au temps du mécanisme ciné-vidéographique… Encore, des expérimentations ouvrant à un territoire où convergent cinéma, photographie et vidéo.

Outre la délimitation de frontières entre les différents moyens, il est important de mettre en évidence les enjeux possibles que ces articulations peuvent provoquer, par exemple sur quels types d'images on travaille et quels types d'autres manières de faire s'esquissent. Au point qu'on peut se demander si une esthétique propre à ce travail passerait par une éthique du non-respect de ce qu'on institue comme étant l'usage idéal de ce tout, des outils, de l'appareil et, de manière plus large, des dispositifs mobilisés.

Un deuxième aspect peut être souligné en pensant à ce qui a été photographié.

La pellicule photo apparaît comme un bloc-notes fait d'images créées dans des situations de la vie quotidienne sur une période d'environ cinq ans, avec des passages dans différentes villes d'Amérique du Sud et d'Europe. Ces photos montrent des anonymes et des paysages, représentent des villes et des campagnes de différents continents, de façon que se mêlent, ainsi, des références à différentes géographies, populations, coutumes, à différents objets dans un assemblage d'images de choses et de visages.

À un certain moment, on peut se demander s'il y a quelque chose en commun à tous ces objets photographiques qui justifierait qu'ils soient tous soumis à une même pratique, aboutissant à une seule pellicule. En pensant, bien entendu, que le support filmique est un espace suffisamment élastique, tendant à accepter ce qui réfléchit suffisamment de lumière en le rendant visible à la caméra.

De plus, la plupart de ces images représentent un objet particulier : une autre image, qui peut provenir d'un film, d'une vidéo, d'une peinture, d'un dessin, d'une gravure, mais qui, pour la plupart du temps, montre une autre photo. L'objet photographique est donc une autre image, une autre représentation. À la base d'une image se trouve une autre image. Une action, celle-là, de représenter des représentations, qui permet d'entrevoir d'autres modes de mise en relation, d'autres relations possibles avec les images qui nous entourent : plus que de se poser en spectateur, les utiliser, les photographier, les recontextualiser.

Action non éloignée d'une posture critique vis-à-vis de ce qui semble arriver tout fait, en l'occurrence les images. Dès lors, on touche aux enjeux poïétiques et esthétiques, ainsi que politiques, éthiques, philosophiques, de cet usage particulier des images. Celles-ci deviennent la base, le point de départ pour d'autres images. Une fois incorporées à la pratique artistique, les images s'ouvrent à d'autres sens, donnant matière à d'autres récits. De cette démarche, du contexte de production et, finalement, de l'œuvre résultante de l'utilisation d'images appropriées, on peut pointer une manière possible d'agir et de dialoguer avec les réalités, précisément par le moyen de l'utilisation de photos et autres représentations déjà fabriquées, éléments composant le réel[95].

Photos, toiles, œuvres du présent et du passé… Des choses qui peuvent (re)devenir une image. Cette option de retravailler les images met en évidence un possible rapport aux images comme phénomènes visibles du réel. Autrement dit, les phénomènes visibles du réel sont ici des images déjà fabriquées, revisitées en tant qu'objet photographique. Mais que penser de photos qui montrent d'autres photos, de représentations qui représentent d'autres représentations, des images qui se fondent sur d'autres images ? Image de tout, image d'image[96].

---

[95] *Cf.* B. Zorzal, *Les photos, un matériau pour la photographie*, Paris, L'Harmattan, coll. *Eidos*, 2017.

[96] *Cf.* F. Soulages et B. Zorzal, codir., *Images d'images*, *idem*.

Un troisième aspect concerne la friction entre la fixité de la photographie et le flux d'images en mouvement.

Percevant des images en flux, nous voyons le flux formé par les images. Plus précisément, la vitesse légèrement réduite des vidéos nous permet de percevoir une photo, chacune des 8 000 photos qui composent l'installation. Cependant, la fixité ne cesse de devenir insoutenable et, en quelques fractions de seconde, on passe à la photo suivante, et à la suivante, invariablement. Ainsi, la sensation est que les images sont aussi présentes qu'absentes : on a le temps de les percevoir et de voir l'une céder la place à l'autre, dans un *continuum*. Assez de temps pour qu'on se rende compte de la perte des photos au temps, et de la rencontre de la fixité de la photographie avec le *kino*, le mouvement propre au cinéma et à la vidéo. Enfin, il est inutile de s'attacher à l'image. Elle disparaîtra, incorporée par le flux qu'elle contribue à donner corps. Corps, celui-ci, qui fait œuvre. Œuvre qui présente différemment ce que les photos montrent individuellement.

Une dimension d'une telle expérience face à *Mouvement #2* produit l'action de se précipiter devant l'image. En fait, se limiter au cadre, à la photo vue individuellement, c'est faire faillite. Aborder l'œuvre depuis le cadre renverrait, par analogie, à la satisfaction (ou excitation) provoquée par une illusion d'optique résultant du phénomène de persistance rétinienne.

Lentement, comme en ignorant le rythme, apparait une autre dimension de l'expérience : s'attarder devant le flux. Ceci grâce à un regard qui ne vise plus la photo unique, celle d'une impossible contemplation, mais la dynamique à la fois construite par elle et à laquelle elle vient soumise. Ici, devant le flux, nous pourrions trouver le temps d'éprouver des impressions et d'établir des liens sensibles. La condition : oublier les photos au nom du flux formé par elles, ce corps d'images qui, bien que fuyant, constitue un corps. Un corps d'images en flux, un état dans lequel les images font œuvre.

En même temps, les passages ininterrompus d'une image à l'autre, élément typique du cinéma, finissent par créer, ici, une sensation moins de mouvement que de discontinuité, où toute narration devient improbable. Ainsi, cette pellicule Super 8 non coupée, non montée, exposée à vitesse réduite, révélerait une tension entre le flux d'images et la constitution d'une forme, qui représenterait le flux lui-même.

Mais que voit-on ? Peut-être une œuvre créée dans la friction entre des images de provenances différentes, fabriquées à partir de techniques différentes, qui mobilisent diverses technologies d'époques passées et présentes ; des images équilibrées entre la fixité de la photographie, la matière mouvante du cinéma et la malléabilité de la vidéo numérique. D'un côté, on toucherait le désintérêt pour le récit, pour l'histoire ; action en faveur de la sensation, comme l'écrit Kátia Maciel à partir de l'œuvre de Solon Ribeiro[97]. Ou encore, on approcherait l'impossibilité de contempler une photo en se penchant à contempler le flux lui-même. On peut aussi se demander si la contemplation est remplacée par l'excitation devant les images, dans les termes pensés par François Soulages à propos du rapport entre photographie et numérique[98].

Ellipses

Un temps entre celui de la photographie, du cinéma et de la vidéo ; un espace elliptique entre photographie et photogramme, photogramme et film, film et espace… « Flottant entre deux photogrammes, comme entre deux écrans, entre deux épaisseurs de matière, comme entre deux vitesses[99] ». En pensant avec les mots de Raymond Bellour, la vidéo inciterait ici à un autre temps et un autre espace aux images de cinéma, qui, à leur tour, imposeraient à la photographie un rythme propre à cet autre espace qu'est l'écran de projection. Photo et film, cinéma et vidéo-installation, salle noire et galerie… Photo-films composés d'interruptions flagrantes, telles que les photogrammes de films perdus. Le travail se déroule dans la friction de temps distincts, propres aux différents moyens expérimentés.

Difficile de ne pas penser aux enjeux esthétiques résultant des usages d'appareils obsolètes. Une expérience telle que celle qui génère cette œuvre peut être, comme dans les termes d'André Parente, un

---

97 Katia Maciel, *A Ideia de Cinema na Arte Contemporânea Brasileira*, Rio de Janeiro, Circuito/ECO-POS/ Capes, 2020, pp. 306-313 ; sur *Quando o Cinema se Desfaz em Fotograma*, 2009, installation, de Solon Ribeiro.

98 François Soulages, « Photographie-contemporaine & art-contemporain », *in* François Soulages et Marc Tamisier, *Photographie contemporaine & art contemporain*, Paris, Klincksieck, 2012.

99 "Flutuando entre dois fotogramas, assim como entre duas telas, entre duas espessuras de matéria, assim como entre duas velocidades [...]". Raymond Bellour, *Entre Imagens: Foto, Cinema, Vídeo*, Campinas, Papirus, 1997, p. 15.

instrument permettant de penser les expériences d'arts visuels-cinéma au-delà de l'histoire chronologique des techniques, des poïétiques, des constructions de sens[100]. Avec l'auteur, on s'interroge encore sur la manière dont l'obsolescence dans les arts nous empêcherait de penser à la fois le cinéma, la vidéo, la photographie, leurs évolutions et leurs images de façon linéaire[101].

Articuler différents moyens dans *Mouvement #2*, c'est faire usage des technologies sans se poser la question de la provenance, de la date ou du type d'images qui la caractérise. Images d'un temps, toujours imprimées sur du papier et photographiées avec une caméra Super 8 qui, en plus de générer des images provocatrices d'autres relations temporelles et spatiales, sont encore sans son. Absence de son qui, à son tour, renvoie au cinéma muet, ou plutôt, silencieux, ou encore, sourd[102].

Obsolescence dont les enjeux finissent par nous éloigner de l'idée d'une fin de l'histoire de la photographie, du cinéma et de la vidéo. Linéarité qui semble répondre à une idée d'un développement technologique propre au monde des biens et du capital qui emprisonne l'utilisateur dans le rôle de consommateur du dernier modèle de peu importe quoi. Au contraire, il est intéressant de penser une notion de développement technologique forgée dans les frictions entre dispositifs, technologies, techniques du présent et du passé. Ce qui signifierait aussi articuler données, images et récits de différents moments de l'histoire.

En ce sens, nous pensions que la notion d'obsolescence permettrait de revisiter l'histoire de la photographie, les techniques, mais aussi plus largement les modes d'expression, les poïétiques, les esthétiques... L'obsolescence créatrice d'ellipses. Enfin, nous pouvons penser en termes d'actions qui nous mènent à l'inaperçu, à l'accidentel, à l'inattendu ; actions à travers lesquelles émergent des formes visuelles non anticipées même pas par l'imagination.

Mobiliser chacun des moyens, sans les hiérarchiser. Pouvoir, enfin, articuler images de toutes sortes, origines, provenances, sans privilégier l'une d'entre elles. Action autour de laquelle, par la non-hiérarchisation des moyens mobilisés et des images utilisées, se

---

[100] André Parente, "A Forma Cinema: Variações e Rupturas", In. Katia Maciel (dir.), *Transcinemas*, Rio de Janeiro, Contra Capa, 2009.

[101] *Idem.*

[102] Michel Chion, *L'audio-vision*, Paris, Nathan, 1990, p. 75.

construirait la poïétique des artistes, voire une esthétique de l'œuvre en question. L'action consiste à expérimenter, à faire l'expérience de cette non-hiérarchisation et, disons, de ce choix de ne pas choisir. Enfin, pouvoir recourir à tous les moyens, et emmener avec soi chaque image.

Revenant à notre proposition initiale, nous pouvons voir ici comment une manière de créer par l'expérimentation permettrait de penser, alors, à la création de manières qui permettent de créer[103].

Face à des usages autant possibles qu'improbables des images et des appareils qui nous entourent, on pourrait aussi penser à une recherche de visibilités qui, autrement, resteraient intangibles, même si latentes. Les usages imprévus des appareils et des images de tous les temps, s'articulant à l'obsolescence, seraient une voie vers d'autres récits et histoires possibles.

Imprévisible rien

Trois points principaux semblent nous conduire jusqu'ici. Un premier renvoie à l'utilisation, disons, peu orthodoxe des appareils techniques et des enjeux possibles sur la poïétique et l'esthétique de l'œuvre.

Un deuxième aspect concerne l'articulation d'images et de dispositifs de différentes époques. Et nous pouvons nous interroger sur les conséquences poïétiques de rencontres avec des images et des moyens d'expression de tous temps ; sur des esthétiques possibles à partir d'œuvres qui, comme *Mouvement #2*, sont un point de rencontre de technologies qui traversent l'histoire des (images) techniques.

L'abandon d'images fixes de la photographie au temps du cinéma et de la vidéo motive le troisième aspect. Entre se presser devant la photo et s'attarder devant le flux formé par celles-ci, l'œuvre présenterait différemment ce que les photos montrent individuellement.

D'abord, un geste problématisant : l'articulation de différentes images, appareils et moyens d'expression de mode indifférencié les uns par rapport aux autres. Geste représentant une mise en friction

---

[103] Notion approfondie en notre *Esthétique de l'exploitation photographique de photos déjà existantes*, Paris, L'Harmattan, coll. *Eidos*, 2017.

des différents modes de faire et d'images, et qui finirait par être une condition de possibilité de l'œuvre.

Deuxièmement, par une approche pas plus poïétique qu'esthétique, on fait un pas en avant pour s'interroger sur les territoires sensibles que l'œuvre inciterait à explorer.

En effet, comme mentionné précédemment, l'œuvre *Mouvement #2* est formée d'images faites à l'aide de différents appareils, à partir de différents moyens d'expression mis en friction, cela permettant l'existence d'autres images (en mouvement). Serait-ce une manière de confronter les images à la logique du mouvant, telle qu'elle est explorée par Bergson ? Plus spécifiquement, en quoi cette notion du philosophe nous permet-elle de déployer esthétiquement une telle expérience ? Enfin, comment l'expérimentation poïétique représenterait-elle un « champ de création continue de nouveautés imprévisibles », générant un « imprévisible rien qui change tout » ?

Or Bergson écrit : « comment la représentation est pauvre, abstraite, schématique en comparaison de l'événement qui s'est produit. La réalisation porte avec elle un imprévisible rien qui change tout.[104] » Et il nous fait comprendre des créations capables d'apporter quelque chose qui n'existait auparavant sous aucune forme ; ou que ce quelque chose existait, peut-être, à l'état d'esquisse ou de préfiguration, mais en tout cas, il se structure comme l'événement seulement une fois réalisé. Avec le philosophe, on peut envisager que le réel comporte un excès, un surplus par rapport au possible. Le réel, dans notre cas, fait référence aux expérimentations artistiques elles-mêmes, pratique qui, tout en créant des réalités, crée aussi de la possibilité, des possibilités.

Avec Bergson, on finit par indiquer un champ dans lequel aucun programme ne s'accomplit, puisque de telles actions, les expérimentations, n'étaient même pas du domaine du possible, mais, comme il dit lui-même, du *non-impossible.* Comme le théorise le philosophe, agir, c'est produire quelque chose qui ne suppose pas de possible. Chez lui, le possible existe comme quelque chose de déjà cartographié et, par conséquent, déjà programmé, prévu. Pour cette raison, considérant le possible comme un ennemi de la liberté, il préfère penser l'agir, le créer comme un investissement dans le domaine du non-impossible. Il écrit encore : « Remettons du possible à sa place. L'évolution devient tout autre chose qu'une réalisation

---

104 Henri Bergson, *op. cit.*, p. 110.

d'un programme. Les portes de l'avenir s'ouvrent tout grand, un champ plus grand s'offre à la liberté.[105] »

L'expérimentation fournit des actions sans but et sans propos ; elle engendre des actions indisciplinées et sans frontières préconçues. En pensant l'expérimentation à partir de ces termes, on aurait affaire à des pratiques qui se réalisent face au non-impossible. Ainsi, on entrevoit comment l'expérimentation serait source de surprises et, par conséquent, en quoi les pratiques fondées sur l'expérimentation seraient provocatrices de changements dans les manières mêmes de faire et de créer. Nous percevons comment les actions restent comme sources constantes de questionnements dans les œuvres accomplies.

Le passage nous ouvre à des interrogations. Alors que nous pouvons détourner notre regard de l'œuvre uniquement comme représentation de quelque chose ou, dit autrement, nous apprenons à la regarder moins en termes de représentation qu'en termes d'action et de geste, nous nous rendons compte que le faire ne s'arrête pas une fois l'œuvre faite. En ces termes, l'œuvre devient source de paradoxes. Et on pense à ce qui est créé avec l'art et à ce que l'art crée.

En quelque sorte, l'œuvre continue à se réaliser. C'est quelque chose en cours de réalisation. Comme le réel, elle porte un excédent par rapport au possible à faire. Ainsi, la poïétique d'artistes expérimentaux suppose la non-impossibilité de devenir un événement, ou des événements-actions. Inaugurant d'autres manières de faire non impossibles, des manières de libérer la liberté de création.

Lieu de toute image

Avec Bergson, on perçoit donc un *état de mouvement* provoqué par des pratiques artistiques. Mouvement à partir duquel nous nous demandions, d'une part, comment l'expérimentation contribue à la mise en question des définitions étanches des modes d'expression artistique existants. D'autre part, il serait possible d'envisager l'art contemporain comme territoire du non-impossible. Autant l'expérimentation de frictions se fonde sur les frictions d'images, d'actions, d'obsolescences et de re-significations, autant elle serait une condition de possibilité à l'art contemporain.

---

105 *Ibid.*, p. 116.

Expérimentation qui renvoie aussi à la non-impossibilité que chaque moyen et chaque image existent dans un état de non-hiérarchisation les uns par rapport aux autres. Là où les indifférenciations sont fécondes, l'art contemporain s'annonce comme un territoire de toute action possible, un lieu de toute image. Ce serait un état non-impossible de l'art actuel, et même un art non-impossible.

L'art contemporain, en tant qu'instance des usages généralisés et indiscriminés et (hypothétiquement) sans barrières auxquels les artistes se consacrent, ouvre à un champ de questionnements. Par l'expérimentation, on voit en quoi l'art actuel peut être un espace d'action face à un modèle hégémonique qui instrumentalise le cinéma, la vidéo, la photographie, ses appareils et ses images, asservissant les moyens d'expression existants. Un espace construit dans le jeu au milieu de chacun de ces éléments, créant des manières de questionner, voire de rompre avec les prédéterminations historiques.

Ainsi, en se demandant ce que les expérimentations d'images (en mouvement) apportent aux arts, on peut penser l'avènement d'autres rapports aux images, aux moyens de faire, aux espaces, aux temps, aux objets, aux matières, aux matérialités, aux représentations. En effet, de tels développements concernent les domaines tant de la poïétique et de l'esthétique que de la production de récits, voire d'Histoires. Dans ce contexte qui est le nôtre, les poïétiques, les esthétiques et même les arts se font par moyen de discontinuités, de ruptures avec les systèmes techniques, technologiques et symboliques. Moyens et images, récits et histoire en dispute. D'autres régimes non-impossibles d'images. Et l'art contemporain comme territoire d'affrontements et de ruptures.

Une réflexion sur l'expérimentation comme modalité, tactique, voire éthique de création dans le domaine des images (en mouvement) nous place entre de nouvelles images et de nouveaux usages des images de tous les temps ; entre nouveaux procédés et nouveaux usages des appareils de tous les temps ; entre nouveaux cinémas et nouvelles actions autour des *faires* de tous les temps ; entre les nouveaux arts et les arts comme lieu de toute image. État flagrant de féconds va-et-vient d'un mode d'expression à un autre, au point que les intersections elles-mêmes sont les lieux des images et des faires. Ceux-ci étant des déploiements non-impossibles d'usages non programmés des appareils filmiques, du faire accidentel d'images, de la provocation de discontinuités dans des machines modernes, par moyen d'expériences de friction.

Bruno Zorzal

Travail développé dans le cadre de la recherche post-doctorale auprès le Programa de Pós-Graduação em Artes de l'Universidade Federal do Espírito Santo, PPGA-UFES, avec le soutien de la Fundação de Amparo à Pesquisa e Inovação do Espírito Santo, FAPES, par moyen de la bourse PROFIX 2022.

Chapitre 4

La vidéo plasticienne

Pour un art poétique des images flottantes

On écoute d'abord la création vidéo No way time[106]*, un extrait.*

Navigation en archipel

Ce qui frappe dans notre travail, ce sont les images cueillies, telles qu'elles s'offrent en telle ou telle circonstance, ou passage, ou état du jour ou de la nuit. Première friction avec le réel nu, pour se colleter à la réalité. Pour cela, absence de synopsis, de scénario, ou de storyboard, de tout projet écrit et prémédité de tournage : on filme d'abord ce qui surgit, ce qu'on voit, avec des caméras numériques très maniables, au fil de la vie, au fil des choses, de ce qui respire, de ce qui bouge. Ce sont des films de mouvement, pourtant sans geste humain, souvent sans humain, sans corps, sans personnage : des films de déplacement à travers le flux ou le cours des choses.

Le montage, dans le cinéma traditionnel cherche à appareiller des morceaux, des scènes, qui sont des moments différents, mais pour en faire un tout, en faire une « histoire ». Dans notre travail vidéo, il y bien aussi des morceaux, mais qui ne font pas unité, pas d'histoire, pas de narration : ni prémisses, ni évolution, ni fin. On

---

106 Michel Sicard et Mojgan Moslehi, *No way time,* film vidéo, Studio Sicard & Moslehi, Vitry-sur-Seine, juin 2014. (Durée : 25 mn)

entre et on sort n'importe où, parfois dans un unique plan-séquence. Parfois c'est un travail en archipel, avec plusieurs plans-séquences aboutés ou superposés. La technique est analogue à celle du collage et du patchwork. On aboute, on ajoute, on rajoute, on colle, on fait glisser.

Ce qui abonde dans nos films, ce sont les fluides, les mouvements d'air et d'eau, le textile pour une flexibilité maximale des images, avec déformations, effets miroiriques. L'eau est présente souvent, comme témoignage de ces flux inénarrables qui nous assaillent, nous déplacent, nous transportent, induisent une vie en mouvement.

Espace & temps vidéo

La vidéo ne cherche pas à bâtir un univers de sentiments, ni même de sensations. Elle capte ce qu'elle peut dans une logique de l'indifférence. Elle ne retouche pas le réel, elle l'accueille, elle y cède. En ce sens, le mécanisme est le même que pour la photographie : un bon photographe capte le paysage dont il veut s'imprégner ; ou alors il attend le bon moment qui suscite l'éveil, le *kairos*, ce temps opportun qu'on doit saisir au vol, quand il passe. Nous restons très intéressés par des cinéastes qui sont aussi photographes, comme Tarkovski ou Kiarostami, qui savent capter la pluie ou l'aridité de la terre, entrer en symbiose avec le paysage… « La photographie, dit Kiarostami, satisfait les sentiments créateurs et rend possible l'accès à la sérénité. Quand j'ai vu les photos prises par Kasraian dans la montagne du Damavand, j'ai pensé que c'était le summum du sacré, de la dévotion : passer des mois, des années à photographier ces hautes cimes constitue à mes yeux quelque chose de sublime, qui consacre la supériorité de l'art photographique sur le cinéma.[107] » La photographie dans sa sacralité, nous devons donc intégralement la réintroduire dans l'art vidéo sur laquelle il s'appuie et convoque la sublimité du monde, dans une économie de moyens qui est la marque de son authenticité.

---

[107] Abbas Kiarostami, « La photographie – Propos », extrait de *Tasvir* (*Image,* n° 3, 1993, repris dans les *Cahiers du cinéma,* n° 493, juillet août 1995, in *Abbas Kiarostami,* Paris, Petite bibliothèque des Cahiers du cinéma, 2008, p. 90.

Il suffit alors d'être là au bon moment, de savoir attendre, pour libérer l'objectif devant la chose nue. Ce bon moment n'est pas seulement un bref instant, pas du tout un instant du reste, ce qui serait trop faire confiance aux coïncidences, mais peut être un temps long, comme un temps ralenti, épaissi, qui s'immobilise et se moque de la durée, du temps qui court.

En tant que fuite de toute histoire, toute construction narrative, toute intervention pour braquer le temps, la vidéo est un anti-cinéma. En ce sens, la vidéo est plasticienne. Elle ne cherche en rien ni le témoignage réaliste d'une réalité à analyser, ni l'illusion narrative. Elle voit autrement le réel : ce qui échappe d'ordinaire à l'œil dans la logique des actions, ce qui déborde les cadres de vision et les techniques. Elle s'intéresse plutôt aux matériaux, à la lumière et aux ombres, aux rythmes visuels et mentaux.

La bande-son accompagne toujours la prise, sans trituration de post-production, doublage, etc. Un de nos films confronte le rythme du sommeil, la caméra pointée sur une poitrine qu'un léger ronflement soulève, à l'agitation des feuilles dehors de l'autre côté de la fenêtre, fouettées par la pluie. Cela fait une certaine musique, double, qui résume d'ailleurs des possibilités musicales : ou la musique est rythmique imposée par la cadence, ou elle est écart, comme celle de John Cage, a-programmatique, atonale et sans même de sérialisme, dépendante des aléas et du hasard.

Nos créations vidéo sont montrées non dans des salles obscures, mais le plus souvent entre des installations[108]. Installations elles-mêmes précaires où jouent des papiers roulés sur le sol, ou alors des sculptures éphémères de papier pelure, flottant sur les murs, crissant au moindre souffle. Ces vidéo-projections clignotent donc en donnant à tout le reste un effet de réel, un effet d'animation, là où les matériaux plastiques reposaient comme des dépouilles.

C'est tout l'espace alors qui bascule dans une fluidité fondamentale, même les éléments fixes se mettant à tanguer. Alors que le cinéma utilise le temps du récit de fiction – on peut en suivre les périples dans le très beau livre de Paul Ricœur intitulé *Temps et récit*[109] – avec l'idée d'une histoire qui se déroule jusqu'à sa fin, le temps du vidéaste n'a pas de progression, pas de clôture, ni lyrique, ni

---

108 Par exemple, dans l'exposition *Michel Sicard & Mojgan Moslehi : Mind Time,* Seokdang Museum of Art, Pusan (Corée du Sud), 2016. (Catalogue)

109 Paul Ricœur, *Temps et récit,* Paris, Éditions du Seuil, 1984.

narrative. Pas de début ni de fin, de vie ni de mort, mais des états précaires, transitoires, et précairement assemblés, rassemblés. Il utilise le temps de l'instant, mais cet instant peut être immensément long, comme si son apparaître se renouvelait indéfiniment, dans un cycle de répétitions et de renaissances.

Formation, déformation, flottement

Question technique, dans l'œuvre vidéo rien n'est joué, ni rejoué, tout afflue tel. Le plan-séquence est en général roi. Mais parfois, chez nous, l'objectif même se déplace, et autrement que par le maigre traveling du cinéma : il se déplace à grande allure. Nous filmons dans des voitures lancées sur l'autoroute, dans des trains à grande vitesse… et l'image se tord de ces déplacements insensés. L'image qui survient se dénonce comme image dans sa déformation. Même claire ou fixe dans son plan, elle est toujours de l'ordre de l'anamorphose, parce que la saisie n'est pas frontale, mais oblique, fuyante, haletante. On se déplace d'une image reconnaissable à une image méconnaissable, déjouant les théories de l'imaginaire autour de l'incarnation, où le fonds restait tout de même le réel. À partir de là, une liberté de l'image s'affirme, semble se décaler de la chose même, dans une danse de Saint-Guy. C'est cette mise en question de l'image, image qui devient problématique, qui fait l'originalité de l'art vidéo, sa force de subversion, alors que le cinéma est du côté des idéologies et des morales, tout au moins au départ par son genre, du côté des représentations stables, malgré tous les effets spéciaux et les procédés de trituration des images, car il vise à faire croire.

Loin des egos

Bien que par l'industrie du cinéma, celui-ci se veuille une aventure collective, l'emprise du réalisateur donne au cinéma une dimension égotique. L'univers de Visconti n'est pas celui de Fellini, qui n'est pas celui de Pasolini. Chacun signe très différemment, affirme son style. L'univers personnel se double cependant d'une coloration géographique ou nationale. Les films de Schlöndorff, de Fassbinder, de Wim Wenders, de Werner Herzog ont quelque chose qui les rassemble. La nouvelle vague allemande puise lointainement dans l'expressionnisme et leurs acteurs ou actrices ont une couleur spéciale. En vidéo, au contraire, le nationalisme semble ne pas avoir de prise. Naim June Paik, Bruce Nauman, Wolf Vostell, Bill Viola ou Pipilotti Rist passent toutes frontières. Nous, nous cherchons à quitter l'ego : si les films de Bill Viola ou de Tacita Dean nous interpellent, c'est parce qu'ils sortent d'une marque, d'un ego spécifique. Place est donnée au réel intrusif, à la perte du point de vue et à l'attention à la lumière, à la matière. Peu d'humain intervient chez nous : plutôt des éléments naturels, de l'eau, de la lumière, des feuillages taraudés par le vent, viennent combler la vision jusqu'à une espèce d'extase, d'émotion absolue devant les choses qui existent en elles-mêmes. Si l'humain se montre un peu, c'est sous forme trépassée (comme dans ces vitrines de fœtus mal formés, conservés dans le formol, filmées à l'Hôpital de la Charité à Berlin) ou en retour de performance privilégiant la vision de dos (lui-même maquillé comme un acteur de Kabuki), ou endormi dans un sommeil sonore. Rendre les corps évanescents, transparents, absents, pour privilégier les ondes qui réunissent les grands éléments, les vagues, les mouvements d'eau, les réfractions, les effets miroitants… nous permet de perdre la question du Sujet, de s'aventurer dans des étendues plus vastes, avec un temps distendu qui est comme des pulsations de la nature du monde. Les images d'apocalypse chères à Fluxus se sont ouvertes vers un univers plus zen et travaillé par l'écologie : les bruits naturels, les rayons, les ondes de gravitation ou d'irisation, de propagation… Cela nous évite aussi d'être catalogués dans le cinéma expérimental, plus démonstratif, plus artificiel, plus mécanique aussi.

L'espace-sons

Il faudrait compléter ces quelques pensées par des réflexions sur la face son de nos créations vidéo. Nous utilisons les bruits du réel, captés directement sur l'image, dans la perspective d'un paysage-son. La musique, rare, sert simplement à rajouter ici ou là quelques accents.

Si l'on suit les travaux de George Revill, ce géographe anglais spécialiste des transports et du son, on pourrait s'intéresser à son concept d'« arc du son », approche socio-matérielle de la *sémiosis*, reconnaissant les façons dont les sons se connectent de manière contingente à travers des matériaux hétérogènes. Comme dans la création sonore de Chris Watson *El Tren Fantasma*[110] qu'il a commentée[111], les sons inter-réagissent et créent une polysémie. Nous partageons les concepts de paysage et de paysage sonore. En tant que mode d'être au monde, le paysage n'est pas une toile de fond, un environnement, mais ce que nous savons et la manière d'appréhender ce que nous savons, sentons, vivons, qui englobe à la fois le percepteur et le perçu. Tout est porteur de message : le bruit du sillage de l'eau, un rideau qui bat en cadence d'une énigmatique mesure, une détonation venue de la foudre… Le son se répand dans l'espace et aussi résonne en moi. Fin de l'écoute sidérante et spectaculaire, fin du bruitage musical post-montage. On entre dans une poétique de la circulation et de la dérive dans un paysage-habitation. C'est une texture qui se forme entre les sons autochtones et le quidam qui passe, et fredonne sa chanson ou y va de son fifre[112]. Cela relève de façon générale d'une éco-acoustique qui transforme aussi la partie plastique en éco-visualité. On quitte les systèmes sémiotiques très structurés (binaires, structuralistes), avec leur dictature émetteur/récepteur, pour une théorie des résonances et des interférences plus vastes, plus profondes, plus habitées et dont le caractère rhizomatique dessine sans doute le monde de demain.

Michel Sicard

[110] Chris Watson, *El Tren Fantasma,* album digital, Oakland (USA), Bandcamp, 2011. "Take the ghost train from Los Mochis to Veracruz and travel cross country, coast to coast, Pacific to Atlantic. Ride the rhythm of the rails on board the Ferrocarriles Nacionales de México (FNM) and the music of a journey that has now passed into history."

[111] *George Revill, "El Tren Fantasma : arcs of sound and the acoustic spaces of landscape", Transactions of the Institute of British Geographers, Vol. 39, n° 3, juillet 2014, pp. 333-344.*

[112] Cet air de flute de joueur de rue ambulant se retrouve dans le film de Michel Sicard et Mojgan Moslehi, *Là,* création vidéo, Studio Sicard et Moslehi, Vitry-sur Seine, 2015. (Durée 5 mn 44 sec.)

Chapitre 5

Frictions internes & guerre d'usure

***The Taste Of War*[113]**

À plonger dans mes archives, j'ai bien senti que j'entrais en guerre. Mais contre qui ?

L'espace-temps où dorment vieilles boites et nouveaux dossiers ? Les bits illisibles sur les vieux disques externes ? Contre la dynamo, celle qui coince avant qu'enfin elle frictionne ?

Que deviendront les incessantes images télévisuelles des guerres en cours, cette année l'Ukraine après la Syrie, et où sont passées celles des incessantes accumulations de toutes les guerres précédentes, l'Afghanistan, la Yougoslavie, le Yémen, jugées trop lassantes pour le journal de vingt heures ?

Vues d'avion, elles se télescopent à ne plus les reconnaître, l'une chasse l'autre.

La première friction est celle des temps.

---

[113] *The Taste Of War*, Vidéo. 16 mn 22 sec, 2006.
https://vggbernardkoest.blogspot.com/2023/04/the-taste-of-war.html
Ou YouTube :
https://www.youtube.com/results?search_query=https%3A%2F%2Fwww.youtube.com%2Fwatch%3Fv%3DVRUPYFpF1Ss

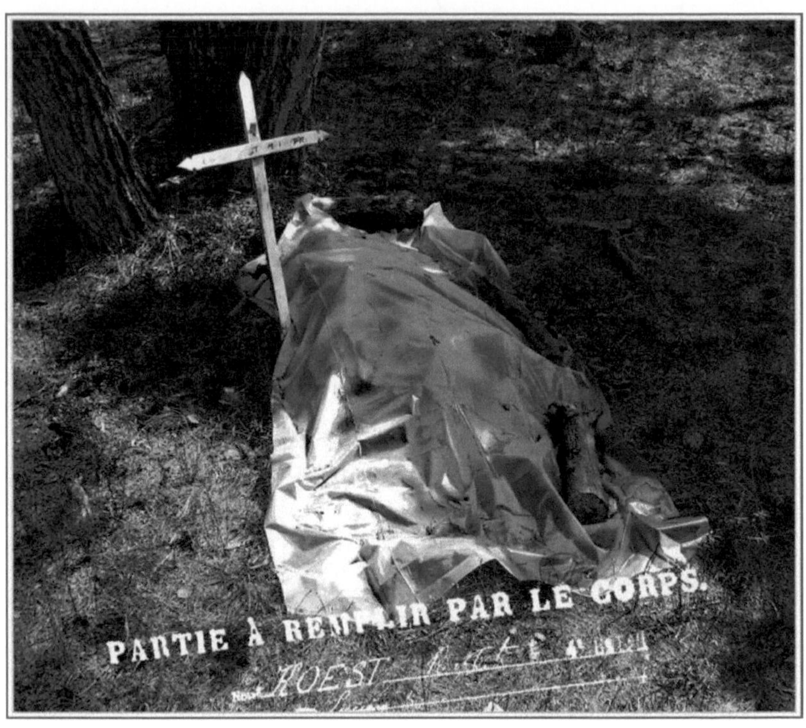

Combien d'années sont passées depuis que je donnais une sépulture éphémère et vide à ce soldat connu que fut mon grand-père tué par un obus en 1916 dans mon installation *Pose en Paix* [114].

Sur mon disque externe, l'orangé, on en retrouve à peu près les images, toutes datées de 2011, du jour de leur enregistrement par le récupérateur fou et très vénal qui les ressuscitait de la destruction inopinée de mon disque noir d'alors. Rien n'a changé, la technique nous tient toujours en son pouvoir, nous le savons bien, nous autres nés au XXème siècle, déjà les empilements de nos disques microsillons se rayaient sur le chargeur 45 tours du Teppaz.

---

[114] *Pose En Paix*. Installation et livre d'artiste, 2006.
Dossier iconique revue de sémiologie Protée, 2009.
https://vggbernardkoest.blogspot.com/2011/11/pose-en-paix.html

Tapie au milieu, ma vidéo *The Taste Of War* demandait seulement pour renaître que l'on secoue le moteur de recherche ; moteur à friction, bien sûr, comme celui des automobiles miniatures qui détalent n'importe où dès qu'on les lâche après une violente traction arrière.

Pour paraître sérieux, il fallait en dater la création (pas 2011), jouer l'archéologue qui, brosse à dents à la main, frictionne lui aussi les fragments disséminés au fil des usages. À s'y frotter, on peut y trouver leur chronologie troublante dans le défilé de nos actes, expositions, écrits, performances ; comme sur le front, où parfois l'on est pris par surprise. Non, tout ne date pas d'hier.

The Taste Of War : 2006.

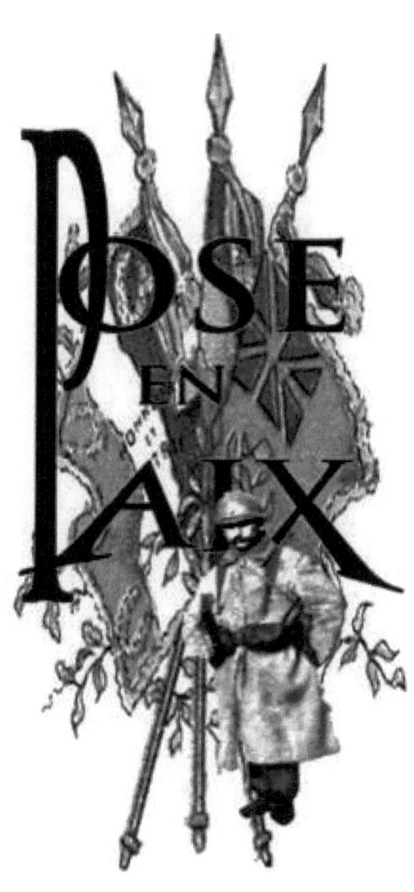

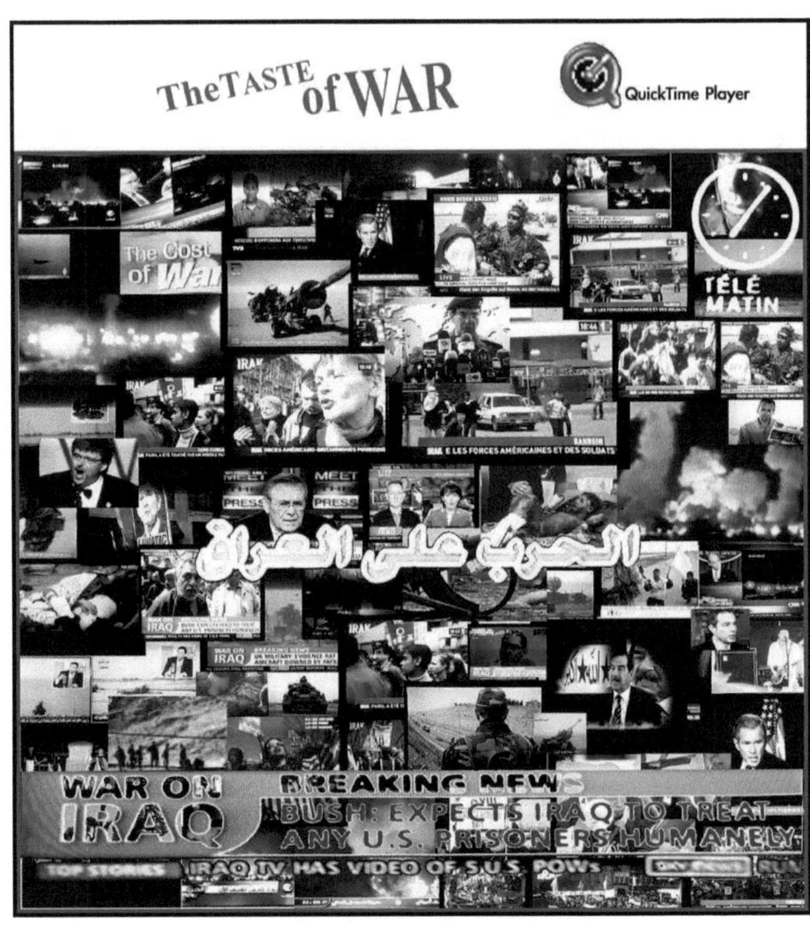

Avec ou sans lunettes, le premier visionnage est trouble, c'est tout flou, on verrait bien nos yeux pleurer.
Ce n'est pas un problème d'antenne mal réglée. L'enregistrement a dû se trouver simplement compressé, la vitesse de communication posait un problème sans doute ; c'est comme si les images s'étaient usées, comme si l'on en avait frotté, frictionné le film (s'il fut argentique), ou mieux, usé les images entre elles.

La recherche prend souvent des allures bizarres, ici, bêtement des questions d'archivage. L'exploration dossier par dossier dans tous les supports accumulés depuis la création de la vidéo, ne se révéla pas totalement infructueuse puisque le hasard des arrêts sur images me donnait à relire quelques égarements et quelques pépites, réactivant – et activant aussi – des pistes de travail… mais rien de plus, rien absolument rien quant à ce *The Taste Of War*, pas une miette, pas un rush, et surtout pas la bonne version, la lourde ; hâtivement vidée d'une corbeille ou l'autre.

Il reste çà et là, dans les placards des grands studios, des films de guerre dont la copie est trop abimée pour la restaurer et qui finiront en poussière. Qu'ils reposent en paix.

Goûtons notre chance, cette version certes est corrompue mais rescapée. Allons jusqu'au bout. Comme moi, trouvez la patience, mais surtout, je l'espère le goût, *the taste*, et comme je l'ai compris au fil du visionnage, c'est finalement mieux ainsi. La distance parfois nous permet un autre regard.

Noir. Première (non-)image où dans le noir seule la voix émerge, « mes sœurs… » dit-elle, et quelques lignes ou trente secondes plus loin, « la nuit, je vous écoute ».
Silence, mais c'est sûr, la lecture va durer tout du long, nous savons que, de même, nous allons les écouter.
Un poilu et son drapeau deux fois et vite fait, comme un clap, annoncent le fondu au blanc, « Action ! »
Frictions du noir et du blanc, du texte et des prochaines images encore imaginées, friction forcée avec nous, pris pour cibles.

Mais ça diffère, cinq secondes avant le blanc, la bande-son suit un autre chemin, la musique d'un accord de guitare prend la place, s'enrichit, recommence, et nous le savons aussi dès les premières mesures, ses boucles vont tout du long nous caresser.
Un timide tapis d'orgue, un début d'arpèges, une toute petite voix en fond rassurent… et l'on attend pourtant, épaules rentrées, les accords électriques dont on a déjà compris la scansion, comme dans les abris où l'on sait que les bombes explosent après leur sifflement.

Friction des sons entre eux, ils nous échauffent déjà les oreilles, le musicien[115] décide cette tension, on attend la suite, le titre doucement s'énonce sur les cours de la bourse, on devrait souffler.
Mais comme on va le voir tout se répète – à la manière du fleuve, le baigneur le sait – et, mêlée à la musique, voici la première *Lettre d'Insomnie*[116]. Il y en aura dix-sept.
Leur lecture donnera le ton, pas journalistique, un peu linéaire, pas tout à fait littéraire, et sans accroche particulière avec l'apparition des images.
De courageuses femmes écrivent sous les feux croisés des guerriers de tout acabit, d'époques et de pays variés, toutes différentes, toutes ensemble, elles se côtoient, leurs angoisses, notre tranquillité, leurs souffrances et notre paix en frictionnant se comprennent.

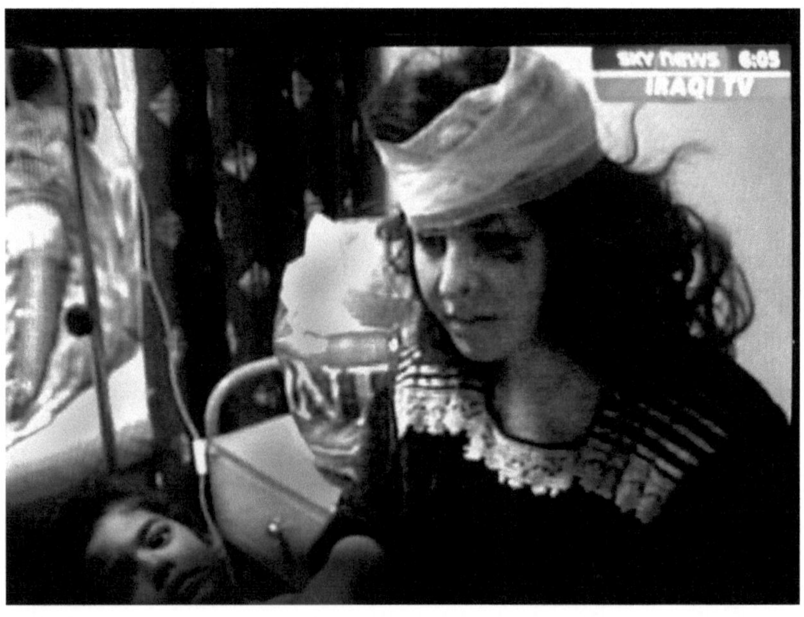

[115] Paulo Mondano, *Aux caprices du vent,* extrait. Totem 2005.
[116] Sylvie Kœst, *Lettres d'Insomnie*, Éditions Rose & Noir, 2005. *Cf.* fin cu chapitre.

Dans cette ambiance instable alors, deux mains annoncent la couleur : Elles bousculent pendant une minute de petits carrés colorés, des images, des photos, des fragments plutôt, sur un fond neutre. Elles bousculent et frictionnent, au sens propre, cherchant à en réunir certaines, cherchant un sens dans ce chaos.

Cent-vingt images fixes vont suivre, se suivre, se bousculer, comme sur un banc-titre.

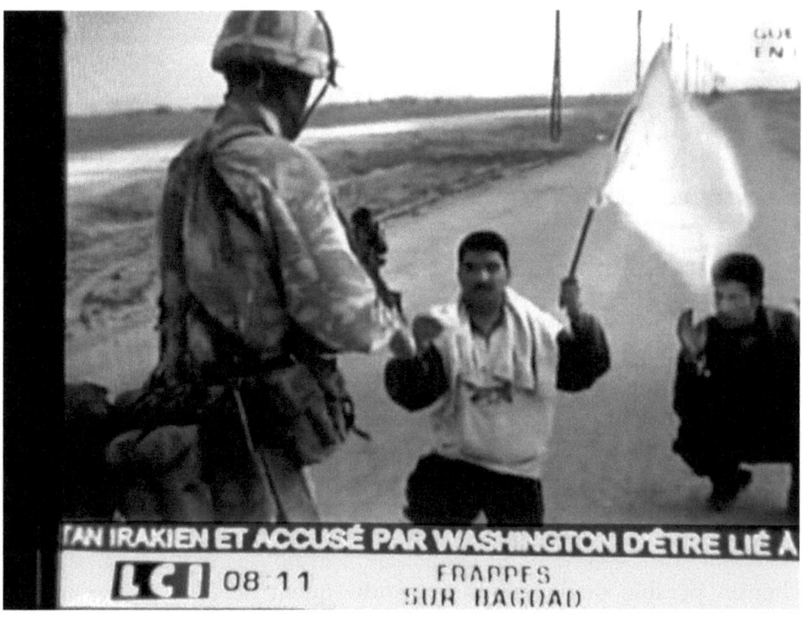

Images d'images, ce sont des photographies d'écran de télévision prises en 2003 lors de la première guerre d'Irak.
Se mélangent ces étranges vues de haut, illisibles passant du vert au rouge (les chirurgicales), des soldats, souvent en attente, des journalistes, des présentateurs en plan américain, leurs bandeaux et tableaux financiers, des blessés, civils et militaires, on ne sait pas trop, des manifestations anti-guerre de tous les pays, des puissants plus ou moins aux visages de zombies… en somme, tout ce qui permet de capturer les addicts aux chaines d'infos en continu, souvent américaines.
Le rendu photographique bizarre du passage par l'écran cathodique combiné au balayage lumineux contribue au malaise (et de plus s'ajoute à la mauvaise définition). Nous oublions le contexte présent, nous ne serions pas loin de « vraiment » regarder la guerre.
En désordre, les images vont avancer l'une après l'autre, en général dans le sens de la lecture, avec quelques retours en arrière, comme pour souligner la précédente qu'on aurait trop vite vue, elles changent avec les transitions journalistiques classiques, fondus enchainés, au noir, au blanc, balayages en tout genre, rotatifs, centraux, etc. quand elles ne se chevauchent pas. Certaines sont répétées, zoomées, émaillées de rares mouvements vibratoires.

Nous progressons à présent au cœur du pays en guerre, au front, mais en accalmie. Et aussi à la télé. Passifs et actifs. On se croirait facilement correspondants de guerre.
Mais de laquelle ? La lecture ne laisse aucun doute, chacune de ces femmes en écrivant au cœur de guerres différentes, nous dit bien qu'il s'agit de toutes les guerres. De la guerre.
S'ajoutent les conclusions chiffrées des morts en fin de chaque lettre qui viennent déranger le déroulement hypnotique de la musique qui ne faiblit jamais, certaine et lancinante. On ne sait si elle nous rend le chemin pénible ou le contraire, tandis qu'en défilant, on reconnait telle ou telle vue dont la réapparition reposerait presque.
En avançant, nous nous installons en deux lieux de nous-mêmes, angoisse ou indifférence, voyeurisme ou compassion. La friction pourrait-elle provoquer de tels effets, nous rendre en alternance si différents ?
Est-ce le secret de nos manipulateurs ?

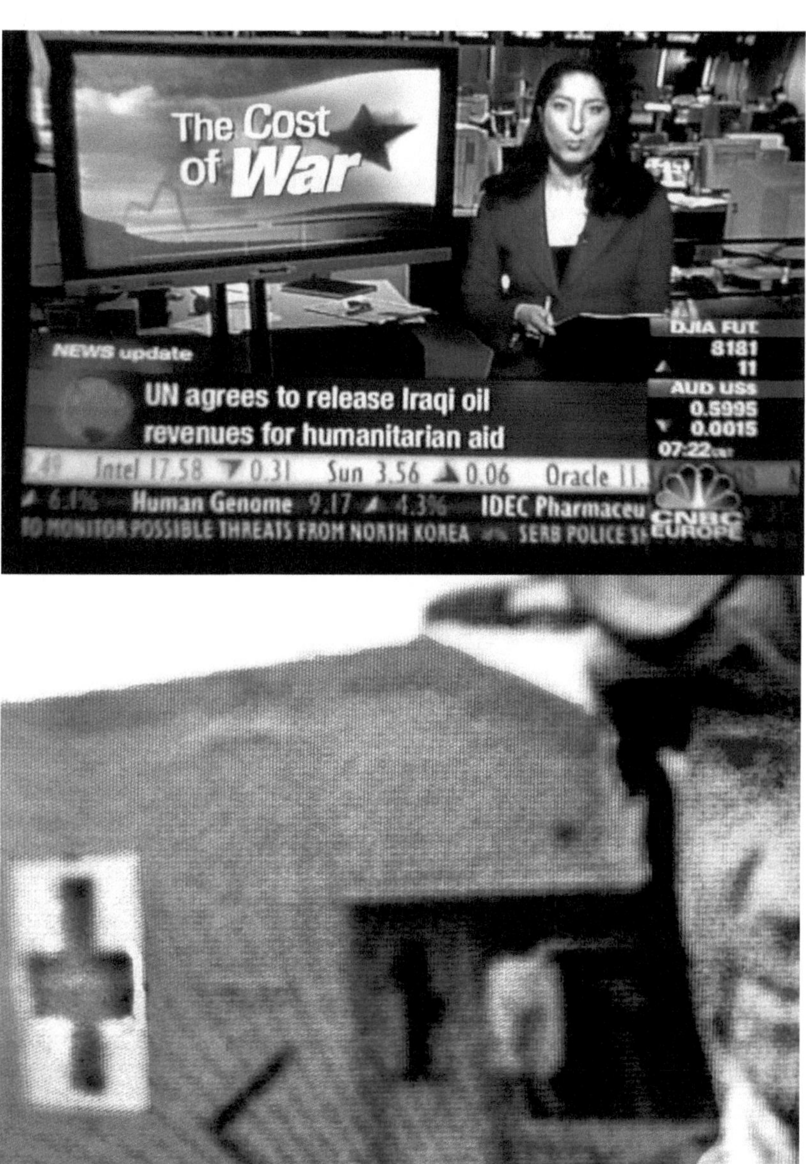
The Cost of War
NEWS update
UN agrees to release Iraqi oil
revenues for humanitarian aid
DJIA FUT
8181
11
AUD US$
0.5995
0.0015
07:22
Intel 17.58 0.31 Sun 3.56 0.06 Oracle
Human Genome 9.17 4.3% IDEC Pharmaceu
POSSIBLE THREATS FROM NORTH KOREA SERB POLICE
CNBC EUROPE

Plusieurs fois au cours du bivouac et pendant environ une minute, nous quittons le mouvement des images fixes pour retrouver, de plus en plus compréhensible, le mouvement des mains qui plus ou moins nerveusement agitent les petits morceaux de photographies dont on peut par hasard reconnaître qu'il s'agit d'un détail d'image déjà visionnée.
Elles cherchent à nouveau à les réunifier, et même si jamais elles n'y parviennent, c'est presque une respiration, à croire que l'action figure un remède possible.
La friction n'est peut-être productive que si on la discipline.

À moins de trois minutes de la fin, comme les troupes qui reculent, les images fixes reprennent leur course.
Mais à l'envers, de droite à gauche, à un accroc près parfois, pressées par on ne sait quelle peur. Leur friction s'accélère, nous allons toutes les retrouver, presque familières maintenant, des « nouvelles » toujours les mêmes ; tandis que la musique, elle, reste imperturbable, et les mots de ces femmes à la voix d'homme aussi.

La guerre est-elle finie ? Qui est le vainqueur ? Une guerre ne se termine-t-elle que par une victoire ?
Le héros meurt-il toujours à la fin ? Qui va enterrer la hache de guerre ? Est-ce par magie que le tomahawk est devenu missile ?

C'est la danse du mardi, le jour de Mars ; des baïonnettes, des batailles et des tranchées.
C'est la danse des questions et des frictions.

Ainsi, certains magazines pour enfants nous questionnaient déjà avec ces sortes de devinettes où il fallait retrouver le lapin qui se cachait du chasseur dans une gravure (le plus souvent en retournant la page on le voyait dans l'arbre). Un peu pareillement, vous avez peut-être deviné deux images glissées dans le flux de la vidéo. Elles nous montrent des vaches, en paix dans leurs prés helvétiques, un contrepoint qui, comme les animaux de La Fontaine, pourrait bien parler de nous.

Mais, bien avant cela et plus subliminale, la toute première image n'est pas photographique : il s'agit d'une peinture inspirée par la prise de vue des images utilisées ici par l'artiste Jacques Gastinel. Sur un fond à leurs couleurs, y figurent des motifs des guerres babyloniennes aux décors de ses héroïques guerriers.

L'archéologie repointe son nez. Du fond des catacombes numériques aurais-je retrouvé une vidéo datant, comme la guerre, de la nuit des temps ?

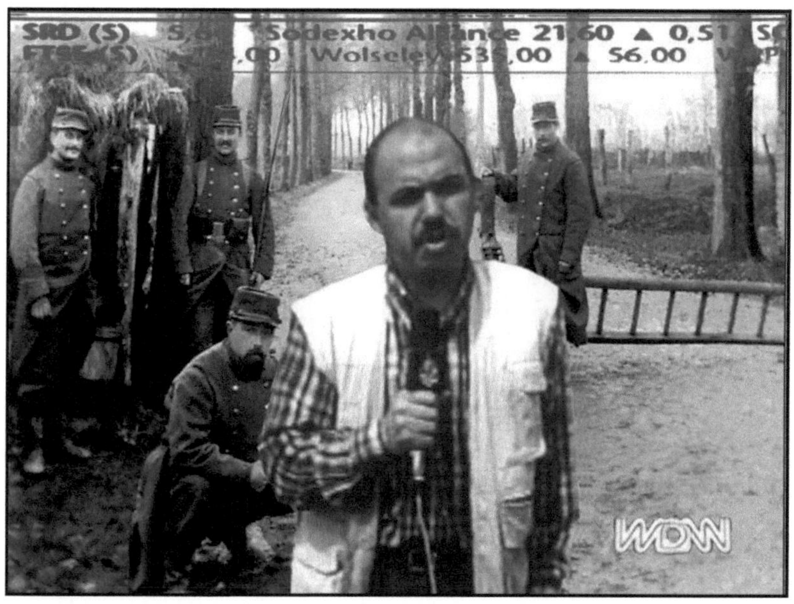

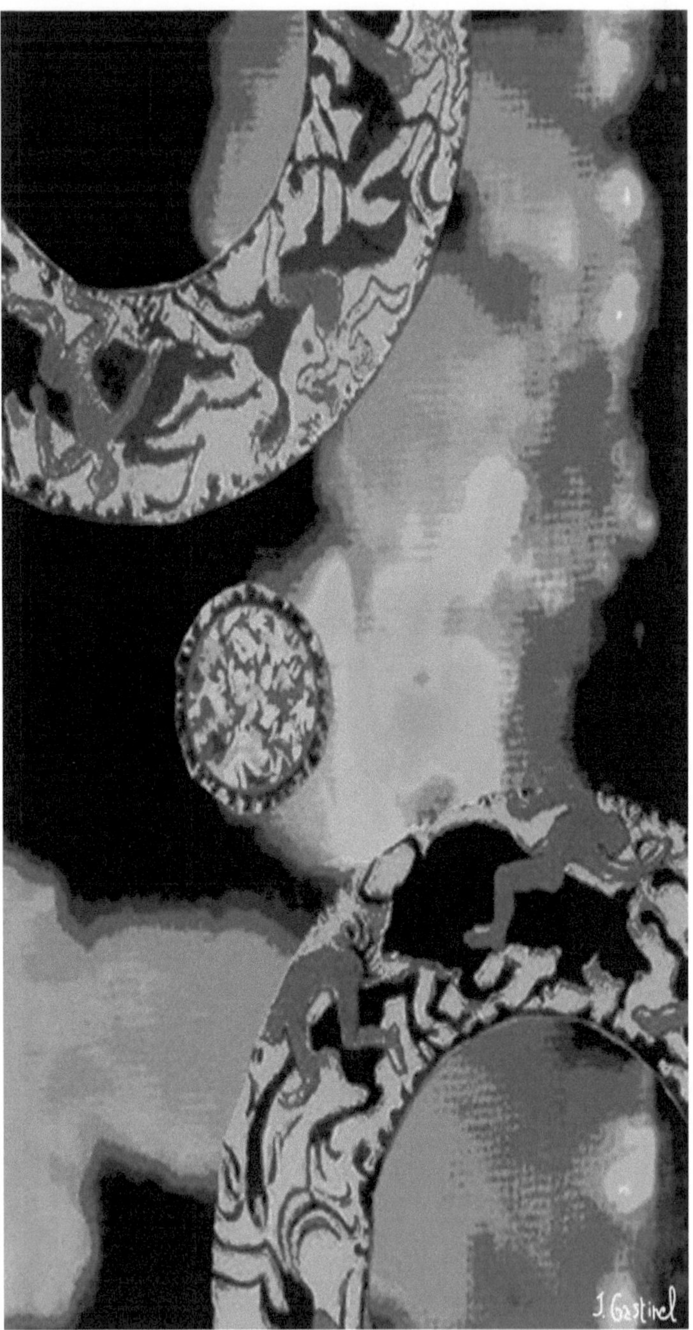
J. Gastinel

Dernière manipulation des petits carrés, zoom sur le ciel de cendres, fondu au noir sur notre dérisoire poilu au drapeau. Et dernière image, The Cost Of War, on annonce la couleur : on fait les comptes.

On compte les morts :
. 28 octobre 1681. Alger (Algérie). La moitié de la ville est détruite. On ignore le nombre de morts.
. 31 août 2004. Waradesch (Afghanistan). 8 morts.
. 26 juin 1918. Paris (France). Décompte des victimes non effectué.
. 7 mai 1999. Belgrade (Serbie). Bombardement de l'ambassade de Chine. 44 morts.
. 13 février 1945. Dresde (Allemagne). Entre 35 000 et 130 000 morts.
. 8 février 1958. Sarhiet Sidi Youssef (Tunisie). 61 morts.
. 19 mai 2004. Bagdad (Irak). 40 morts dont 15 enfants.
. 6 août 1945. Hiroshima (Japon). 140 000 morts. On ignore le nombre de personnes irradiées.
. 8 avril 2003. Bagdad (Irak). Un journaliste mort.
. 4 août 1914. Philippeville (Algérie). Mort de 17 zouaves et de 4 civils.
. 29 juin 1966. Haïfong (Vietnam du Nord). Les morts n'ont pas été comptés.
. 20 août 1998. Al Shifa (Soudan). 13 morts.
. 18 avril 1944. Athis-Mons (France). 1 383 morts.
. 25 juillet 2002. Gaza (Palestine). 15 morts dont 9 enfants. Quelques jours auparavant, attentat du Delphinarium. Jérusalem (Israël). 21 morts dont 10 mineurs.
. 26 avril 1937. Guernica (Pays basque espagnol). 1 600 morts.
. 14 avril 1999. Djakovica (Ex-Yougoslavie). 600 morts.
. 10 mars 2014. Colony (Suisse). On ignore encore le nombre de victimes.[117]

Générique. La musique s'arrête.
« Mes sœurs »… l'insomnie prévient… « à ce soir ».

Bernard Kœst
Sauvessanges, mardi 18 avril 2023

[117] En conclusion de chaque *Lettre d'insomnie.*

3ème moment
THÉORÉTIQUE, POÉTIQUE & ESTHÉTIQUE

Chapitre 6

Le mouvement au cinéma
Frictions théoriques & pratiques

Le spectateur de cinéma est immobile devant le film mouvant tandis que le spectateur mobile de l'architecture traverse un site immobile. Je pars de ce chiasme par lequel, suivant S. M. Eisenstein, se résume le *paragone* de l'architecture et du cinéma[118], pour considérer la friction introduite dans nos pratiques du cinéma par son statut même, à la fois phénoménologique, sémiotique et pragmatique, ainsi que par diverses mutations peu ou prou actuelles, à la fois technologiques, culturelles et artistiques.

Friction cognitive : Deleuze versus Metz

Jean-Luc Godard affirma un jour qu'au cinéma, parce qu'« il y a toujours une image avant et une image après, le présent n'existe pas[119] », une proposition censément paradoxale puisque l'entre-deux d'un avant et d'un après est justement ce qui définit le présent. Sans avant ni après il n'y aurait pas ce présent qui peut être, à son tour,

---

[118] « Montage et architecture », in *Cinématisme. Peinture et Cinéma*, Dijon, Les Presses du réel, 2009.

[119] Conférence de presse pour le film Passion de Godard à Cannes enregistrée en 1982 par France Culture, https://www.radiofrance.fr/franceculture/podcasts/les-nuits-de-france-culture/jean-luc-godard-au-cinema-il-y-a-toujours-une-image-avant-et-une-image-apres-le-present-n-existe-pas-dans-le-cinema-9482020 ; consulté le 30 mai 2022.

l'avant (le juste avant) d'un présent à venir ou fut aussi bien l'après (le juste après) d'un présent consommé. Le présent est ce qui court tandis que mes mots d'avant s'enchaînent à mes mots d'après. C'est exactement comme ça que le cinéma se présente à nous, une image précédée d'images et suivie d'images – sans aucune différence avec le « réel », ce qui ne surprend guère étant donné que l'appareil cérébral qui le gère est dans les deux cas exactement le même !

« Muet de naissance » disait Tristan Bernard du cinéma. Il est surtout cinématique de naissance. Le mouvement est ce qui le spécifie et, du même coup, le définit comme *art du présent.* Dans *L'Image-temps*, pourtant, Gilles Deleuze termine un raisonnement en ces termes : « Une réflexion insuffisante en conclura que l'image cinématographique est nécessairement au présent[120]. » C'est une allusion voilée à Christian Metz qui, à l'opposite, considère que l'image cinématographique est *nécessairement au présent*[121] :

> Le mouvement apporte (…) deux choses avec lui : un indice de réalité supplémentaire et la corporalité des objets. Mais ce n'est pas assez dire, et on peut penser que l'importance du mouvement au cinéma tient à un troisième facteur qui n'a pas été assez analysé comme tel (… à savoir que) le spectateur perçoit toujours le mouvement comme *actuel* (même s'il « reproduit » un mouvement passé) (…).

Et de poursuivre :

> Les objets et les personnages que nous donne à voir le film n'y apparaissent qu'en effigie, mais le mouvement dont ils sont animés n'est pas une effigie de mouvement, il apparaît réellement.

Ce mode d'apparition, dans l'optique d'Aristote, n'est pas celui de la substance, c'est-à-dire de ce qui demeure par-delà les modifications, mais se rencontre comme inachevé (l'« acte inachevé » dit le philosophe dans la *Physique* et la *Métaphysique) ; c'est le mode de ce qui est en cours et de ce qui court, affectant la matière, mais immatériel en soi. Metz* continue :

---

120 Cinémas 2, *L'Image-temps*, Paris, Minuit, 1985, p. 355.

121 « À propos de l'impression de réalité au cinéma » (1965), in *Essais sur la signification au cinéma*, 1, Paris, Klincksieck, 1969, Collection d'esthétique, pp. 17-19.

le mouvement n'étant jamais matériel, mais *de toute façon* visuel, en reproduire la vision, c'est en reproduire la réalité ; au vrai, on ne peut même pas « reproduire » un mouvement, on ne peut que le re-produire, par une deuxième production qui est du même ordre de réalité que la première pour celui qui en est le spectateur. (…) Au cinéma, l'impression de réalité, c'est aussi la réalité de l'impression, la présence réelle du mouvement.

De là, se dégage ce raisonnement fondamental : l'impression de présence que procure le cinéma à quiconque en fait l'expérience *hic et nunc* procède du fait que le mouvement cinématique est un double du mouvement réel, comme on fait un double de ses clefs. C'est justement ce raisonnement que Deleuze conteste radicalement[122] :

> l'image-mouvement est liée fondamentalement à une représentation indirecte du temps, et ne nous en donne pas une présentation directe, c'est-à-dire ne nous donne pas une image-temps.

Quant aux rapports entre mouvement et temps, certes, il nuance à l'aide de cette célèbre formule :

> L'image-temps n'implique pas l'absence de mouvement (bien qu'elle en comporte souvent la raréfaction), mais elle implique le renversement de la subordination ; ce n'est plus le temps qui est subordonné au mouvement, c'est le mouvement qui se subordonné au temps.

Au pic de leur pensée, à l'instar d'Eisenstein, Deleuze et Metz abusent du chiasme, ce qui peut sembler corrompre par la rhétorique la fraîcheur de la pensée vivante, mais le débat, crucial, concerne bel et bien la manière de penser : quand Deleuze raisonne sur la base des concepts que produit la philosophie du cinéma[123], Metz part du constat que « le cinéma est d'abord un *fait*, et comme tel (…) pose des questions[124] », visant ainsi l'expérience réelle que fait le spectateur devant l'avènement/événement d'un film : la rencontre avec le fait qu'en enregistrant le réel la caméra restitue, en plus des lieux qu'elle vise, le mouvement qui les habite, en allant du simple tremblement atmosphérique (on identifie parfaitement la différence entre l'image

122 *Op. cit.*, p. 355.
123 *Ibid.*, p. 365:
124 *Op. cit.*, p. 13.

animée de l'air et une image fixe) aux grands mouvements de choses qui bougent plus ou moins et d'individus qui gesticulent plus ou moins. Que choisir ? La célèbre question adressée au consommateur s'adresse ici au théoricien, en herbe ou confirmé. *On appelle « théorie de la friction cognitive » le constat qu'une surcharge en informations peut bloquer nos capacités mémorielles ou pragmatiques* : cela plaide censément en faveur de la vision metzienne…

L'expression de « présence réelle du mouvement » qu'il emploie est juste, mais peut, toutefois, tromper en ce qu'elle rappelle celle du Christ dans l'eucharistie qu'on lui attribue sans la voir littéralement – on doit y croire, en tout cas ; celle-là, on la voit, la perçoit, l'éprouve littéralement, physiquement. Et c'est par cette expérience perceptive que se définit le temps du film. Même un film de notre passé, un film historique, etc., est perçu *sur le moment*, tant qu'il reste en acte, inachevé, comme présent… C'est une force du cinéma, même si certaines faiblesses la contrebalancent, que de substituer aux récits marqués par la temporalité grammaticale quelque chose qui semble advenir maintenant sous nos yeux. Quelle que soit la *temporalité référentielle* du film, eu égard à sa diégèse, cela passe par une *temporalité phénoménologique* (au sens le plus littéral du terme) liée au statut même du médium dans son rapport à notre appareil sensoriel. Elle s'impose dès lors qu'on choisit d'œuvrer avec ce médium.

Conséquence au bout de la friction : si on se range du côté de Metz (ce qui est mon cas), on doit considérer de manière fondamentale que la division de l'image-mouvement et de l'image-temps ne tient pas. Dans l'optique de l'expérience spectatorielle, *toute image cinématographique est image-temps parce qu'elle est image-mouvement.* C'est la caractéristique qui identifie le cinéma, le distinguant de la photographie où les reproductions plus ou moins fidèles de la réalité sont figées dans l'intemporalité. C'est physique, non pas théorique ! L'image-mouvement, c'est tout simplement le cinéma, rien de plus et rien de moins ; non pas un premier stade de la définition du cinéma, mais sa définition même. L'image-temps est image-mouvement et l'image-mouvement est image-temps (encore un chiasme – ça coûte pas cher !). La sorte d'émancipation temporelle que Deleuze illustre dans *L'Image-temps* ne se situe pas sur le plan phénoménologique de base qui définit le cinéma, mais sur un plan second où sont déterminés certains projets narratifs ou discursifs.

Friction paragonesque : le cinéma comme *Aufhebung*

Il importe ici d'être très clair. Le constat que le film propose une reproduction de mouvement, au lieu d'une représentation à la manière des tableaux futuristes (par exemple le *Dynamisme d'un chien en laisse* de Giacomo Balla, 1912) ou des chronophotographies de Marey *grosso modo* à la même époque, ne signifie pas qu'on doive adhérer à une quelconque ontologie du cinéma, au sens galvaudé du terme « ontologie ». Il convient, en effet, de distinguer clairement le constat phénoménologique (au sens littéral) de la physicalité du mouvement qu'offre le cinéma, s'agissant de schèmes physiologiques et sensori-moteurs qui nous font éprouver le mouvement *reproduit* comme *re-produit*, qui nous font éprouver sa présence comme présence, pour reprendre ce que Metz établit, et l'idéologie ontologique, c'est-à-dire réaliste, qui nous fait penser que ce qui est sur l'écran est la réalité comme telle, tout juste déplacée, sans fard, par-delà l'image.

Suivant André Bazin, le théoricien de cette confusion, il existerait des cinéastes qui croient en l'image et d'autres qui croient en la réalité[125]. Il va sans dire que le fait de traiter la question en termes religieux de croyance est hautement significative ; en l'occurrence, la référence religieuse n'est pas une projection du lecteur, mais la posture même de Bazin en référence à la présence christique, invisible mais crue. Elle signifie que, par-delà la matérialité et l'artificialité du film, on verse dans l'idéologie du déni de la représentation. Ce qu'on oublie souvent dans ce débat c'est que, en même temps qu'on perçoit le mouvement comme mouvement, comme présence animée – pas la peine de se demander avec Lamartine : « objets inanimés avez-vous donc une âme ? » – notre esprit est occupé par nombre d'autres paramètres de la représentation. Le mouvement n'est pas l'unique composante du film, il enrobe ou est enrobé de toutes sortes d'autres représentations et conditions de la représentation.

La grande friction entre le cinéma et la réalité se mesure à l'écart qui sépare une scène tournée sur un plateau et ce qui en résulte dans le film fini. Dans le premier cas, qui s'assimile à la présence réelle de l'acteur de théâtre, l'acteur peut jouer énergiquement tout en s'adaptant à ce que la situation du tournage exige (par exemple, ne pas déclamer, parler fort… comme au théâtre) ; dans le second cas, sa performance est métamorphosée par la prise de vue, le cadrage, le

[125] *Qu'est-ce que le cinéma ?, Ontologie et langage*, T. I, Paris, éd. du Cerf, 1958, p. 132.

montage, la postsynchronisation, l'ajout de bruits, de musique, etc. Parfois, la seule chose authentique qui reste de cette prestation, c'est le mouvement, même s'il peut être altéré par défaut technique (notamment, l'image saccadée des mouvements de caméra). Il ne s'agit pas de dire que le film dégrade la scène tournée ; il la métamorphose, certes, pour le meilleur et pour le pire ; mais, quoi qu'il en soit, on juge le résultat pour lui-même, faute d'ailleurs dans l'immense majorité des cas de pouvoir procéder à la comparaison du tournage et du film.

Voilà, tout juste esquissé, un bon schème de pensée pour ce *paragone* étalé entre cinéma, réalité et théâtre : l'*Aufhebung*, non pas au sens lui aussi galvaudé du dépassement (comme le demandait l'ancien *paragone*, par exemple celui de la peinture silencieuse et de la sculpture bruyante pour Léonard !), mais au sens du supprimé-conservé-déplacé, comme Hegel le précise en analysant le verbe allemand *aufheben*, sa polysémie si intellectuellement féconde[126]. Entre la captation-enregistrement et la restitution-manipulation, quelque chose de la source est supprimé, quelque chose est conservé, tandis que le produit de l'opération est déplacé du mondain vers la médialité. L'importance du mouvement, pour ne parler que de lui, c'est qu'il est conservé dans sa caractérisation phénoménologique brute. La réalité-source, elle, ne s'en sort pas indemne…

Friction pratique : le spectateur mobile dans le cinéma élargi

Tandis que, pour parler globalement, le mouvement cinématique interne à l'image la constitue, la moule, et l'ouvre à la possibilité de transformations plastiques ou thématiques incessantes, le spectateur, lui, est censé être immobile au creux du dispositif de projection dans l'obscurité du *theater* qui le met face à l'écran et le maintient en état de « sous-motricité volontaire » dans son fauteuil, comme dit Christian Metz[127]. C'est là, le statut du spectateur de cinéma depuis les premiers temps. Ou, ce fut son seul statut… Car de l'eau a coulé sous les ponts de la technologie et de la culture.

[126] *Encyclopédie des sciences philosophiques*, I, *La Science de la logique*, trad. Bernard Bourgeois, Paris, Vrin, Coll. « Bibliothèque des textes philosophiques », 1986, Add. § 96, p. 530.

[127] *Le Signifiant imaginaire. Psychanalyse et Cinéma*, Paris, UGE, 10/18, 1977, p. 119.

Désormais, on rencontre souvent le cinéma dans des salles d'exposition où c'est d'abord le visiteur qui bouge, passant d'œuvres en œuvres, de peintures ou de photographies en films, dans des dispositifs et des installations qui les mélangent. Première friction à laquelle s'en ajoute une autre : désormais, on rencontre aussi le cinéma sur les écrans, petits et moyens, des instruments électroniques – ordinateur, tablette, smartphone – qu'on consulte souvent en marchant, du moins en bougeant…

À la faveur de ce *cinéma élargi* à double titre, le mouvement est donc sorti du film sans toutefois le déserter. On peut dire plus précisément, en un constat qui eût plu aux amateurs d'agitation qu'étaient les futuristes, que le mouvement s'est généralisé, qu'il règne dans et autour des médiums audiovisuels, qu'il ne cesse de vibrer dans l'image en même temps qu'il ne cesse de contaminer sa pratique. Il importe de bien cerner la situation : la caractéristique spécifique du cinéma, aussi bien pour le numérique que pour le pelliculaire, demeure le mouvement interne, mais sa projection n'est plus confinée dans la salle et le confort de ses fauteuils.

Voilà la mutation qui m'intéresse, la friction qu'elle instaure entre l'image-mouvement et le mouvement autour de l'image. Par « friction », on entend notamment la résistance au mouvement que produit le contact de deux surfaces ; en l'occurrence, il s'agit de la surface de l'écran et du volume de la salle d'expositions, une *friction matérielle* qui est aussi la *friction culturelle* d'un cinéma élargi en contexte contemporain.

Qu'en est-il de ce nouveau contexte du *cinéma élargi*, *expanded* en anglais ? En 1979, Rosalind Krauss publie un article intitulé « Sculpture in the Expanded Field ». Elle y parle d'*expanded field* à propos de la sculpture, c'est-à-dire d'une catégorie de médium qui, dit-elle, en est venue à recouvrir des « choses surprenantes », au point qu'elle semble devenir « presque infiniment malléable » ; continuant à exploiter le vocabulaire de la plasticité, elle parle d'« une extraordinaire démonstration d'élasticité, un affichage de la manière selon laquelle un terme culturel peut être étendu pour inclure à peu près n'importe quoi ». Elle commence par décrire une œuvre de Mary Miss[128] dont elle dit que cette « œuvre est une sculpture », en nuançant aussitôt que c'est, « plus précisément, un *earthwork*[129] ».

---

128 *Perimeters/Pavillions/Decoys*, 1978 : « Trois structures en forme de tour, deux monticules semi-circulaires et une cour souterraine, construits à l'aide de techniques

La notion d'*expanded field* fait référence à deux moments dans l'évolution du médium : le premier, c'est le moment où une catégorie, d'abord, claire et distincte en vient à recouvrir toutes sortes de choses plus ou moins déviantes, bizarres ; le second, c'est le moment où il semble nécessaire de remplacer la catégorie première par une nouvelle catégorie. On peut donc se demander si la situation du cinéma dans l'exposition étend la notion de cinéma, jouant sur l'élasticité des notions dont parle Rosalind Krauss, ou s'il faudrait chercher un nouveau terme.

L'élargissement du cinéma a connu, en fait, trois métamorphoses notables, d'origine séparée, mais causes de diverses frictions interactionnelles :

1. la métamorphose technologique qui veut qu'à la pellicule s'est substitué le numérique ;

2. la métamorphose spectatorielle qui veut qu'on regarde le film au moins autant sur ordinateur, tablette ou smartphone que dans une salle de cinéma ;

3. la métamorphose artistico-culturelle qui veut que le cinéma participe de plus en plus aux expositions d'art contemporain, en salle ou dans l'espace urbain, ou, ce qui revient au même, que des artistes contemporains intègrent de plus en plus le cinéma dans leurs dispositifs.

De là qu'on peut discerner, outre le dispositif « traditionnel » de projection en salle, quatre formes constitutives des dispositifs du cinéma en champ élargi :

– la projection du film par les divers instruments personnels de diffusion – ordinateur, tablette, smartphone ;

– la projection sur écran vertical dans une salle dédiée au sein du dispositif d'une exposition ;

– l'implantation de l'écran sur une scène où la projection du film accompagne toutes sortes d'actions théâtrales ;

– l'implantation de l'écran en contexte urbain.

Dans le premier cas, le mouvement serait en principe réservé à l'image, n'était qu'on peut regarder son smartphone dans le métro ou

---

de construction et de matériaux vernaculaires, sont situés dans une clairière de quatre acres au musée du comté de Nassau », description dans le site de l'artiste, http://marymiss.com/projects/perimeterspavilionsdecoys/ ; consulté le 20 mars 2023.

[129] Rosalind Kraus, « Sculpture in the Expanded Field », *October*, vol. 8, printemps 1979, p. 30.

en marchant (attention à ne pas se cogner dans les obstacles !) ; dans le second, il faut se mouvoir au sein de l'exposition jusqu'à retrouver par intermittence la semi-motricité caractéristique de l'attitude spectatorielle « concentrée », pseudo-contemplative ; dans le troisième, le spectateur accepte à nouveau l'immobilité relative, tandis que le mouvement, non seulement est projeté en flux sur l'écran, mais se généralise à l'ensemble de la scène et des acteurs qui la peuplent ; dans le dernier cas, l'entre-deux de la mobilité et de l'immobilité se joue dans le flux quotidien, par l'entremise de lieux publics provisoirement dédiés au spectacle.

Bref, l'image-mouvement est désormais dépassée par l'évolution vers le cinéma élargi qui l'a embarqué dans une métamorphose animée où l'arrêt esthétique sur image (et son) ressemble de plus en plus aux arrêts dans les stations – stations du métro ou de la passion, comme on veut…

Friction définitoire : qu'est-ce que le cinéma ?

L'élargissement du cinéma a suscité une polémique qu'on peut résumer par cette question : hors de la salle de projection, du *theater*, un film est-il encore du cinéma ? Cela ressemblerait à la question de savoir de quelle couleur est le cheval blanc d'Henri IV, n'était la différence faussement ténue qui sépare le film et le cinéma, le médium-objet de l'environnement où on le pratique (comme la pièce et la séance de théâtre, le texte d'une conférence et sa communication, etc.).

On connaît la réponse négative de Raymond Bellour à l'identité du film hors salle [130] : « La projection vécue d'un film en salle, dans le noir, le temps prescrit d'une séance plus ou moins collective, est devenue et reste la condition d'une expérience unique de perception et de mémoire, définissant son spectateur et que toute situation autre de vision altère plus ou moins. Et cela seul vaut d'être appelé « cinéma ». » La position de Bellour ressemble à la définition du modernisme par Clement Greenberg, une théorie du « domaine de compétence » de la peinture au sein de laquelle on n'a aucun mal à énumérer les caractéristiques réputées intangibles de ce médium :

130 *La Querelle des dispositifs. Cinéma – installations, expositions*, Paris, POL, 2012, p. 14.

surface plane, format du support, propriétés du pigment[131]. Pour le cinéma, salle et séance de projection dans le noir définiraient le spectacle digne du nom de cinéma. Greenberg se fondait sur la peinture abstraite de Pollock, mais, auparavant, du même artiste, Harold Rosenberg avait tiré une théorie toute différente : celle de l'*action-painting* qui mettait l'accent sur l'activité du peintre (le dripping sur une toile au sol) plutôt que sur l'œuvre résultante. On peut considérer que Greenberg rapportait Pollock à l'héritage pictural, et notamment à son tournant abstrait qui l'avait libéré de l'obligation figurative, tandis que Rosenberg le rapportait au futur de cet art qui devait rapidement élargir le champ de la peinture ou, plus exactement, de l'art vers le happening et la performance. C'est du côté de Rosenberg qu'il faut regarder pour comprendre ce qu'est devenu le cinéma en son élargissement…

Est-ce un appauvrissement ? L'élargissement par la multiplication des supports de diffusion déclasse-t-il le Septième art de cette noble appartenance ? Si la lecture de *La Recherche* de Proust n'est pas affectée par la gamme descendante qui, de l'édition originale, aboutit au livre de poche ou à la tablette Kindle, en passant par la Pléiade, parce que les images évoquées par l'écrivain ne sont nullement affectées par cette « dégénérescence » du support, l'image cinématographique, elle, du moins celle qui est faite pour la projection sur grand écran en salle, subit des diminutions de format, de couleur, voire de son (encore que certains smartphones tendent à avoir des performances supérieures aux installations sonores de certaines salles). La situation actuelle, c'est que je sors ma tablette pour lire Proust aussi bien que pour regarder un film dans le métro. En fait, là comme dans la situation d'antan, le rapport à l'œuvre occasionne une sorte d'arrêt, un laps de temps plus ou moins grand où je me voue à l'attitude esthétique, dans le contexte de la mobilité urbaine. Cette attitude est dite à tort contemplative ; il s'agit plutôt de concentration dans une tâche qu'on peut considérer comme un certain « état modifié de conscience ».

---

131 « Modernist Painting » (1960), in Gregory Battcock (dir.) *The New Art. A critical Anthology*, New York, E. P. Dutton & Co., Inc., 1966-1973, Dutton Paperback, pp. 66-77.

À noter, d'ailleurs, que l'idée d'*expanded* a été lancée à partir du milieu des années soixante quand on a nommé *expanded cinema*[132] un certain cinéma au genre filmique plutôt trouble, appelé underground, indépendant, etc. et que ce terme d'*expanded* provenait du vocabulaire de la drogue où *expanded consciousness* signifie une « conscience élargie ou éclatée[133] ». Or, l'esthétique, comme attitude, appartient aussi à la catégorie des « états modifiés de conscience » – un état de concentration sur un objet qui nous hypnotise, donc une absorption volontaire, comme l'avait bien vu un contemporain de Kant et, lui, véritable esthète en plus d'être esthéticien, Archibald Alison qui avançait que le plaisir spécifiquement esthétique est un état d'esprit proche de la « rêverie enchanteresse[134] ».

Je cherche à m'isoler, volontairement, peut-être désespérément vu le contexte et l'ambiance, afin de m'absorber dans la lecture ou la vision – je suis « aliéné et heureux » écrit joliment Metz[135]. Mais, c'est encore un mouvement qui favorise cet assujettissement plaisant : celui du *turning page* pour la lecture, avec ma main qui égrène les pages ou celui de mon doigt qui glisse sur la surface de l'écran, ou encore, pour le film, le mécanisme d'animation qui, comme le remarquait Benjamin en faisant référence aux propos réactionnaires du critique Georges Duhamel – bien qu'il « déteste le film, mais non sans avoir saisi quelques éléments de sa structure » remarquait le philosophe –, emporte l'esprit dans son mouvement quasi perpétuel : « Je ne peux déjà plus penser ce que je veux, disait Duhamel. Les images mouvantes se substituent à mes propres pensées[136]. » Mouvement perpétuel à la manière du train qui fonce dans la nuit…

… Un soubresaut du train me tire un instant de ma concentration, le train s'arrête et je regarde dans quelle station. Je m'aperçois alors qu'on a dépassé celle où je projetais de descendre ; je me précipite sur le quai. Finie la concentration ! Il faudra retrouver un

---

132 *Expanded Cinema*, New York, Dutton & Co., 1970.

133 *Éloge du cinéma expérimental, Définitions, Jalons, Perspectives*, Paris, Musée national d'art moderne, Centre Georges Pompidou, 1979, note 1, p. 170.

134 *Essays on the Nature and Principles of Taste* (1790), Reprint de l'édition de 1790, Hildesheim, Georg Olms Verlagsbuchhandlung, Coll. « Anglistica & Americana », 1968, p. 14 et passim. Voir Jerome Stolnitz, « On the Origins of "Aesthetic Disinterestdness" », *Journal of Art and Art Criticism*, vol. 19-20, 1961.

135 *Le Signifiant imaginaire*, *op. cit.*, p. 119.

136 Walter Benjamin, *Écrits français*, édition de Jean-Claude Monoyer, Paris, Gallimard, « Folio essais », 1991, pp. 213-214.

autre refuge, havre de paix ou pas, mais, à tout le moins, un endroit où il est possible de retrouver cette fameuse sous-motricité propice à l'absorption. Il est intéressant de noter, au passage, qu'on retrouve à ce niveau à la fois l'analyse de l'attitude esthétique et les états modifiés de conscience de l'*expanded*. Metz le souligne : la sous-motricité favorise la « surperception » ; « l'institution du cinéma prescrit un spectateur immobile et silencieux, (...) constamment en état de sous-motricité et de sur-perception, un spectateur aliéné et heureux[137]. »

Frictions comportementales : combien de temps dois-je rester là ?

Quant aux conséquences spectatorielles de la participation croissante du cinéma aux expositions d'art contemporain, tout comme le changement de support de vision, il comporte des modifications du rapport pragmatique au film qui convoquent à nouveau, et différemment, la question du mouvement. Il serait erroné de prétendre que le cinéma s'est immiscé dans l'espace d'exposition comme un intrus, par effraction ; au contraire, on peut même renverser la proposition : c'est de la présence de plus en plus envahissante du cinéma ou de la vidéo et l'adhésion sans cesse croissante des artistes à ces médiums que procède la généralisation du dispositif dans l'espace d'exposition actuel – ces deux médiums, cinéma et vidéo, ayant des histoires à la fois parallèles et croisées (comme l'attestent les *Histoire(s) du cinéma* de Godard qui célèbrent vidéographiquement le cinéma). Bref, le film, cinéma ou vidéo, sans éclipser les autres médiums, peinture, photographie ou autres, occupe une position prédominante dans les expositions d'art contemporain qu'il a contribué à transformer à l'aune de ses conditions.

Toutefois, en même temps qu'il a envahi les expositions, le film semble être sorti du dispositif originel du cinéma. En réalité, cette formulation est trop brutale. Non pas à cause du vocabulaire de l'invasion, mais parce que, dans la majorité des expositions, le dispositif de projection sur un écran demeure et on le regarde assis, en sorte que, du même coup, le dispositif originel est, dans ces cas, adapté plutôt que remplacé. Au vrai, ce mouvement de transfert/adaptation fut préparé par la vidéo. D'ailleurs, technologiquement, en raison de la généralisation du numérique, la

137 *Le Signifiant imaginaire*, *op. cit.*, p. 119.

marge entre cinéma et vidéo s'est considérablement amenuisée. Il faut sans cesse rappeler cet état d'intermédialité, un concept qui désigna d'abord[138] les traces d'autres médias (dont la bande dessinée) dans le cinéma, puis le vaste melting-pot des influences réciproques, pénétrations en tout sens et modélisations diversifiées dans quoi les différents médiums peu ou prou artistiques sont pris désormais.

La participation croissante du cinéma aux expositions d'art contemporain, tout comme le changement de support de vision, implique des modifications du rapport pragmatique au film et diverses frictions qui convoquent la question du mouvement à tous les égards où elle intervient. En galerie, les films sont projetés sur des écrans dans la sorte de dispositif qui favorise l'immobilité temporaire du visiteur, sur le moment invité à revenir aux conditions spectatorielles du cinéma dont le dispositif originel est adapté plutôt que remplacé. Je songe, par exemple, à des installations remarquables de Chantal Ackerman, William Kentridge et Christian Boltanski (notamment, pour ce dernier, celle de la galerie Marian Goodman qui fut sa dernière exposition…).

Il y a une contradiction, et surtout sur le plan pratique une friction, qui nous renvoie à la différence entre le cinéma et l'architecture que pointait Eisenstein, la différence entre le spectateur immobile devant le film mouvant et le visiteur mobile qui traverse un site immobile. En l'occurrence, dans l'espace d'exposition, *espace architectural en un sens* où le dispositif organise à la fois la structure de ce qui est exposé, le parcours du visiteur et les différentes stations qui appellent sa halte, on est un spectateur mobile qui s'immobilise provisoirement, soit pour regarder plus ou moins longuement un objet fixe (une toile, par exemple), soit, dans des conditions proches de la séance de cinéma originelle, pour se concentrer sur un écran sur lequel divers mouvements ont lieu, se succèdent et s'entrecroisent.

Je parcours une exposition d'art contemporain, j'avise une salle plongée dans les ténèbres, sauf des lueurs qui s'agitent sur un écran ; j'entre à tâtons, je discerne à peine un banc où je m'assieds non sans marcher sur les pieds d'une silhouette fantomatique, je m'excuse, je regarde… *Mais combien de temps vais-je ou dois-je rester là ?* Telle est la question que ce genre de situation pose au visiteur, provisoirement spectateur d'un produit audiovisuel. Non pas que ce qui se passe sur

---

[138] Plus exactement, le précurseur du mot fut l'intermedia de Dick Higgins, membre de Fluxus et adepte de la poésie sonore, dans son Manifeste *Intermedia* de 1966.

l'écran soit forcément inintéressant ; c'est même souvent captivant, au point de m'arrêter un moment. On s'arrête là exactement comme, constatait Roger de Piles, devant un tableau parce qu'il semble nous appeler[139]… Mais, si devant l'objet en lui-même inanimé, photographie, tableau ou sculpture, le spectateur peut choisir librement son laps de temps d'arrêt, le film est déterminé en son essence même d'image-mouvement par un laps de temps fixe.

Aristote, qui ne pouvait certes pas anticiper cette situation, dans le chapitre VII de la *Poétique* avait quand même ajouté au critère de l'organicité de l'œuvre celui de son étendue, spatiale comme temporelle : non seulement « la tragédie est l'imitation d'une action entière et parfaite », mais « on veut une certaine étendue (…) qui puisse aussi être embrassée toute à la fois et faire un seul tableau dans l'esprit » et « s'il fallait jouer cent pièces en un jour, il faudrait bien alors prendre pour mesure la clepsydre[140] ». Quand l'eau de la clepsydre s'arrêtait de couler, l'orateur devait s'arrêter de parler… Le film coule toujours et pourtant je m'en vais…

Dominique Chateau

[139] *Cours de Peinture par principes* (1708), Nîmes, Jacqueline Chamon, Coll. « Rayaon-Art », 1990, pp. 19-20.

[140] Traduit du grec par l'abbé Charles Batteux (1713-1780), Édition de J. Delalain, Paris (1874) ; https://mediterranees.net/civilisation/spectacles/theatre_grec/poetique.html ; consulté le 20 juin 2022.

Chapitre 7

Survidéos

Useless Facts That You Totally Need To Know. De la chaine « *Be amazed* ». 13 mn. Les oreilles de chats ont 32 muscles, celles des humains 6. Les éléphants ne peuvent pas sauter.

And third, I fear one day you are going to be sadly disappointed. De la chaîne « *Comedy company* ». Juste des panneaux en anglais qui défilent pour raconter une histoire drôle. Ça va trop vite et ce n'est pas très attrayant. Je comprends que c'est la blague où on demande à une jeune fille : quel est l'organe de l'homme dont le volume peut être multiplié par 10 sous le coup d'une forte émotion ? Réponse : l'iris de l'œil.

Rien sans les gens, rien sans la consultation, même en situation de crise puisque les crises s'enchainent. C'est notre exigence. Chaîne de Sébastien Jumel. Un député PC qu'on voit causer dans l'hémicycle. Ce n'est pas très clair ce qu'il raconte.

Êtes-vous choqués par le tweet de Mathilde Panot ? Chaîne de Estelle Midi. Le type qui cause sur RMC, oui, il est choqué.

La NUPES a toujours soutenu ces factieux. Chaîne *Cnews.* C'est Gabrielle Cluzel qui cause. Directrice de rédaction de *Bd Voltaire.* Manchette : « Lyon : le règne de l'hyperviolence ? » Il s'agit de flics en civils qui ont été lynchés parce qu'ils arrêtaient l'auteur d'un vol à la tire, à Lyon, quartier de la Guillotière. *Cnews* déjà ce n'est pas glorieux, mais *Bd Voltaire* ??? Et pourtant...

Sécheresse : les habitants de Méral en Mayenne désemparés face à leur rivière à sec. Chaine « *Première édition* ». Une voix féminine scande : De–vant cet' ri–vière, Da–niel est dé–sem–pa–ré.

Michel Onfray | Wokisme à l'école (Part2). Chaîne NTD français. J'en avais déjà vu un bout. MO est installé comme un nabab sur un canapé avec plein de coussins moelleux. Il est interrogé par une jeune femme de type asiatique très impressionnée. MO pérore avec gestes à l'appui. Et ça dure 41 mn !

Aurélien Pradié répond à Rachel Keke. Chaîne *Avec Aurélien Pradié.* RK, députée LFI : personne [dans votre groupe] ne gagne 800 euros par mois. AP : dans votre groupe il y en a qui ne gagnent pas 800 euros par mois, ils ne sont pas illégitimes. AP est député LR.

Never underestimate this old man. Chaine *Testbed* (?). Ce coup-ci ça change un peu, le vieil homme flingue des indiens à tout va. D'habitude ce sont des voyous qui s'en prennent à un « old man », et celui-ci les mate. J'aime bien ce genre de vidéos où il y a un type seul contre tous, le bon contre les méchants. Mais là, quand même...

Depuis 1945, la CAF vous accompagne dans toutes les étapes de votre vie. C'est de la pub (« Sponsorisé »). De la pub pour la vénérable *Caisse d'allocations familiales* ???

Un bébé de 14 mois retrouvé mort après avoir été oublié dans une voiture dans les Pyrénées-Atlantiques. Première édition.

La France insoumise souhaite saisir le Conseil constitutionnel après le vote de la suppression de la redevance audiovisuelle. BFM TV ; Tristan Corbière dans ses œuvres. [Je dis Tristan Corbière, en fait c'est Alexis Corbière, député LFI. Mais j'aime bien dire *Tristan* Corbière, c'est comme si j'ouvrais une fenêtre dans une pièce à l'air vicié, ça fait rentrer de la fraicheur, de la poésie, un monde autre, mort et pourtant vivant.]

British Vs. American English - What's The Difference? Chaine « *English with Lucy* ». Une américaine et une anglaise discutent en *Zoom.* « *Rubber* » dans une des langues (l'américain je pense) a un sens pornographique.

Cet étrange rituel funéraire faisait fureur auprès des rois au XVIIIe siècle. Chaine « *Néo* » (sponsorisé). Le corps, le cœur et les entrailles enterrés dans trois endroits différents.

The old man teaches his meal spoiler a lesson. Chaîne « *Bareeq* ». Je l'ai déjà vue cette vidéo. Dans un *saloon* du *far-west* un jeune homme s'en prend au *old man* en costume. Le *old man* n'a qu'un bras mais il envoie le type au tapis, qui insiste en plus, le con. À la fin il y a une discussion que je ne comprends pas. C'est très testostéroné tout ça.

Pensez à débrancher le wifi pour économiser de l'énergie. Comme ça, on pourra continuer à climatiser des pistes artificielles pour skier en pleine canicule. Hugo Clément. Une tête de jeune con. [*Spoiler* : c'est un vieux con qui vous parle, là ; la suite le prouvera amplement…].

Les images que vous n'avez pas vues lors du défilé du 21 juillet : le prince Laurent sévèrement réprimandé par la princesse Claire (vidéo). Maurizio Morina.

8 femmes nous parlent d'orgasme. Femme actuelle. Ça a changé, Femme actuelle.

Do you prefer to drive with the window open or closed ? With or without music ? In a Sma… Kawa News. Une saoudienne et une française discutent de ce passionnant sujet.

Patrick Sébastien est-il un gros beauf ? Purepeople.com. Sous-titre : « Je vais me lever, je vais t'en coller une ! » Extrait d'une ancienne émission d'*entertainment* avec l'animateur à la mode à ce moment-là. Je ne me souviens plus de son nom. Il est directeur d'une chaîne d'info je crois. Surtout il promeut la GPA pour les couples d'homosexuels, il explique qu'il s'est payé un bébé 100 000 dollars. *M-O-F.*

Quand Olivier Truchot balance ses camarades de BFMTV qui ne portent pas la cravate ! Grandes gueules RMC.

Et ainsi de suite.

Bien sûr les vidéos se suivent et se ressemblent.

Aujourd'hui je suis assailli par des vidéos d'une certaine *N D*, réputée « féministe ». J'ai eu le malheur d'en regarder de temps en temps, aveuglé par ma haine du « féminisme », et aiguillonné sans doute par la jouissance du ressentiment. Ça m'était passé depuis un bout de temps, quand même, mais hier j'ai commencé à en regarder une. Je me suis vite interrompu (le thème de la causerie c'était : *Vous, les garçons bien ; vous, les alliés ; merci du fond du cœur, mais… vous n'en faites pas encore assez !*) ; et à la suite de cette incartade, l'algorithme me propose trois ou quatre des vidéos de cette petite (ou grande ?) bourgeoise, dont tout le corps suinte l'aisance, la bonne naissance, la supériorité de classe, la vie facile, et qui s'épanouit dans le « féminisme » victimaire et culpabilisateur.

Ce qui m'assaille aussi (mais je suis consentant) : des vidéos où il y a des méchants qui s'acharnent sur un gentil (mais on sait bien qu'à la fin c'est le gentil qui gagne). C'est trop long, je ne regarde pas jusqu'au bout. Variante : ce sont aussi des méchants, mais ils s'en prennent à Clint Eastwood ! Inutile de dire qu'il ne se laisse pas faire, mais là aussi c'est trop long, je ne regarde pas jusqu'au bout.

De toute façon les vidéos elles sont trop longues ou trop courtes.

Vidéo courte, mais pas trop : ça vient de *Tiktok*, une fille *bien gaulée* tortille du cul ou secoue ses seins, en faisant des grimaces stupides.

Des petits bouts de journaux de chaines d'information. C'est vraiment très court mais ça suffit, en fait. Tiens, c'est souvent *Cnews.*

Des « clashs » télévisés qui remontent à quelques années. Dans le même genre il y a des sketches des *Guignols de l'Info* qui remontent à la surface. C'est souvent avec Jacques Chirac.

Quelque temps a passé, l'immortel aujourd'hui a glissé, je suis toujours perché en haut de cet aujourd'hui fatal où je *peux* voir passer les vidéos mystérieusement sélectionnées – pour moi ? – de *Facebook*. L'aujourd'hui d'hier c'était le *22 juillet 2022*, et si je me cale à l'aujourd'hui actuel (avril 2023), je vais voir :

Une vidéo de sept secondes, intitulée *Jeux olympiques avant l'heure* (avec des émojis « mort de rire ») où on voit des hommes en noir (des policiers ?) poursuivre un homme noir (un black-bloc ?) qui se réfugie dans un immeuble.

Ça doit se passer aux États-Unis. Devant un public nombreux, un homme ordinaire et une personne qui se dit « peut-être intersexuée » discutent *calmement* de ce que pourrait être la définition d'une femme. L'homme ordinaire (sans doute un scientifique) emporte le morceau, sous les applaudissements du public. Cela fait plusieurs fois où je vois de vidéos venant des États-Unis où on voit des personnes de bords très opposés discuter calmement, s'écouter mutuellement. On voit même des manifestations où des militants de causes antagonistes se retrouvent *au contact* sans que cela ne dégénère. Ou alors la police s'interpose dans un calme relatif. Oui, aux États-Unis.

Mon partenaire est additif au sexe : Comment agir ?

Un cours d'éducation sexuelle fait polémique.

Pure TV : les premières télés des stars françaises !

Cnews : forte tension entre les forces de l'ordre et les manifestants. Et le reporter et le cameraman sont en effet pile entre les uns et les autres. On voit les « forces de l'ordre » passer en file indienne au milieu des « manifestants », l'un d'eux s'approche et fait mine d'en découdre, un gendarme lève sa matraque, remous dans la foule ; le reporter indique que des collégiens sont partis du cortège, terrorisés.

Watch this toddler [tout-petit] *see his mom for first time.* Un bébé censément aveugle, à qui on enfile des lunettes, et qui voit pour la première fois. Ce n'est pas la première fois que je vois une telle vidéo, c'est très émouvant mais l'effet s'amenuise. On pense au père de famille qui tient la caméra, la mise en scène, le *timing*… N'empêche. Mais : est-ce que vraiment on peut ainsi entrer de plain-pied, sans médiation, dans le royaume de *l'image* ? Ou est-ce un montage, une fiction, une *fake news* quelconque ?

Et juste après cette vidéo, une autre, titrée en gros caractères :

Est-ce que notre monde intérieur se reflète dans le monde réel ?

Cela vient d'une chaîne intitulé *Coaching tips*, et là ça sent (très fort) l'arnaque aux *sciences occultes.*

N'empêche, la question mérite d'être posée. Et la réponse, une réponse possible, inattendue, effrayante, se dévoile sous mes yeux, à l'instant même.

Au milieu de ces vidéos hachées, provenant de la *décomposition* d'autres sources (chaînes de télé, films, prises de vue sauvages, images volées, caméras de surveillance), on a des vidéos qui sont des sortes de confidence, des bouteilles à la mer, des appels, peut-être des issues de secours.

When I'm with my girlfriend. Ça dure six secondes. Ils sont de type asiatique, en t-shirts informes, dans un décor neutre ; ils regardent la caméra, puis ils s'embrassent. Lui est un peu androgyne.

Everyday is father's day. My dad is a hero. Elle lui donne à manger, à son père, à la cuillère, une sorte de bouillie. Un peu de bouillie tombe, ça les fait rire.

Un homme plonge dans la mer, du haut d'une sorte de cargo. Un monstre marin, aussi gros que le cargo, sort de l'eau et avale tout cru le plongeur. Plan d'après : un pauvre noir, dans une pièce misérable, tombe de son lit sur deux bidons colorés. Comme légende il y a en incrustation : « Quel cauchemar ! » et des émojis qui rient.

Est-ce que notre monde intérieur se reflète dans le monde réel ? Je sais bien en tout cas que quand je *mate* les vidéos de *Facebook*, eh bien réciproquement l'œil noir de Facebook me regarde, et choisit les vidéos qu'il fait défiler devant moi en fonction des vidéos que j'ai regardées, que je regarde.

Facebook me tend ainsi un miroir dans lequel j'ai bien de la peine à me reconnaitre. *Peine*, dans tous les sens du terme : Est-ce vraiment moi qui me retrouve à mater des vidéos dans le genre de *Bud Spencer & Terence Hill* ?[141]. Je suis étonné de regarder ainsi des extraits de films que je n'irais jamais voir « au cinéma ». Mais aussi : je me retrouve (« je me retrouve », j'ai dit « je me retrouve ») à regarder des vidéos pour ainsi dire *volées* à la « vraie vie » : des caméras de surveillance qui filment des bagarres de rue. Des caméras embarquées dans des véhicules : le véhicule a un accident, on voit une voiture foncer vers la caméra, explosion, cela a duré à peine dix secondes, et la vidéo passe à l'accident suivant, et encore, et encore, il y en a trente accidents qui défilent ainsi, dûment numérotés, et moi je regarde ça ? Non, je m'interromps, mais j'ai vu, et je suis sali, mais je vois. Une femme dans un bar semble vouloir résister à un homme deux fois plus grand qu'elle, l'homme la frappe, elle se retrouve par terre, à l'autre bout du comptoir, fin de la vidéo. Et j'ai vu ça. Et je vois des

---

141. « Souvent appelés les "Laurel et Hardy du Far-West", Terence Hill et Bud Spencer ont formé un duo mythique du cinéma des années 70 et 80, proposant des comédies enrobées dans des univers western, policier ou d'aventures à succès. » (*Allociné*, 21-7-2020). Oui, c'est du cinéma populaire, de la « culture populaire », ça tache les doigts, avec des films comme *On continue à l'appeler Trinita*. Ce n'est pas de la nourriture pour intellectuels. Le principe est simple : ce sont des grosses bagarres, un peu différées pour les besoins du scénario, entre les deux « bons » et une armée de « méchants ». Mon frère, qui avait une solide constitution physique, et qui n'était pas un « intellectuel », adorait ces films. Il devait s'identifier à Bud Spencer, le « Hardy » du duo. Est-ce que l'algorithme de *Facebook*, dans sa toute-puissance, devine quelque chose de mon histoire intime ? En regardant ces vidéos, est-ce que je rends une sorte d'hommage à mon frère, aujourd'hui disparu ? Mais bientôt le jeu se trouble, il y a des frictions dans mon entendement. La vidéo que je regarde, qui est un extrait de film, est courte, mais elle est trop longue pour ma patience – bien amoindrie par le *process* même des « vidéos Facebook », et puis je me souviens que j'ai des prétentions, et des exigences intellectuelles. (Mais qu'est-ce que je fais là, alors, au juste ?)

bimbos siliconées, lèvres et seins boursouflés, non, je fuis, je censure, *Facebook* autorisera-t-il l'amnésie, l'oubli ?

Maintenant mon doigt ne s'attarde plus sur ces vidéos de trafic, de mensonge, de *fake*, ces vidéos trafiquées, volées. Je vois des parties d'échecs, Bobby Fischer, Magnus Carlsen, Garry Kasparov. Ça dure quatre ou cinq minutes, c'est déjà un peu long. Des échanges mémorables au tennis : Nadal, Jokovitch, Federer. Roland-Garros, Wimbledon, Flushing Meadows. Là les vidéos ne sont pas trop longues mais bientôt mon écran est saturé de ces petits extraits de « grands matches », je me lasse, je m'embarque sur un autre divertissement, je me lasse, je me retrouve à actionner le défilement sans même regarder ce qui défile. Je me retrouve… Je me retrouve ? Vraiment ?

Si je réfléchis aux vidéos que je voyais défiler il y a quelque temps, et à en croire le premier compte-rendu que je m'en étais fait, le 22 juillet 2022, et quand je compare aux vidéos qui me sont proposées actuellement, je me dis que « j'ai changé », et je ne sais pas trop ce que ça veut dire, en la circonstance, ce « j'ai changé ». Mon *monde intérieur* a-t-il changé, et ce changement se reflète-t-il *dans le monde réel* ? Et le chatoiement, le défilé incessant des vidéos de Facebook pourrait-il être tenu pour le « monde réel », ou du moins la chaine vidéo de Facebook pourrait-il être tenue pour un reflet fidèle du *monde réel* ?

Sans doute que oui. Reflet, tout au moins, mais sans doute pas si fidèle que ça (mais existe-t-il des reflets vraiment « fidèles » ?). Ce qui est sûr c'est que bizarrement le contenu de la chaîne ne change pas tant que ça. En juillet 2022 on parlait du *tweet malheureux* de Mathilde Panot (et à ce moment-là *ça faisait le buzz* comme on dit, et maintenant on ne se souvient plus vraiment de quoi il s'agissait), maintenant (avril 2023) on parle du « Mensonge de Darmanin, épisode 4 » (4 épisodes pour un seul mensonge ?). À des vidéos de « violences policières » succèdent d'autres vidéos de « violences policières ». On ne voit pas exactement les mêmes comiques que les radios emploient pour booster leur audience, mais ce sont les mêmes séquences emblématiques de la télé « d'avant » qui remontent à la surface. On voit toujours, on suit toujours l'écume de l'actualité, les « frictions », les « conflits » actuels (très important, les conflits ; bien plus vendeurs, bien plus « choquants » que les consensus, les paix, les apaisements, les espoirs). Mais tout sera oublié, enseveli sous les prochaines frictions. Seule l'impermanence immobile reste. L'algorithme qui choisit les vidéos « offertes » à nos yeux a un fonctionnement opaque ; il espionne certes chacune de ses « victimes », chacun de ses utilisateurs, mais globalement il parait évident que ce sont toujours des vidéos de même « format » (au sens large), des mêmes *sujets*, des mêmes *objets*, des mêmes « frictions », des mêmes conflits éternellement ressassés. On pourrait dire que c'est la même *idéologie* qui transparait, y compris quand il s'agit de vidéos de partis politiques diamétralement opposés.

Pour chacune des personnes, institutions, groupes d'influence, lobbies, militants, politiques, simples particuliers, qui déposent leurs vidéos, il s'agit d'agiter son petit drapeau, de capter l'attention du chaland, sortir de la masse, se distinguer des autres poissons pris dans la même nasse. Et la frontière est mince entre celui qui poste et celui qui regarde. Quel est l'intérêt, pour un particulier, d'exposer au monde entier, c'est-à-dire à personne, un épisode dérisoire de sa vie privée, ou une opinion tranchée sur un sujet polémique ? Et quel intérêt pour celui qui regarde ? [142].

« Tout le monde » est-il si pressé de faire advenir le moment où *notre monde intérieur se reflètera dans le monde réel* ? Tout le monde, le « monde réel ». Ou bien, est-ce le « monde réel » qui vient effacer, qui vient se substituer à nos « mondes intérieurs » hétéroclites, sauvages, incontrôlables et pourtant si fragiles ?

Ou bien, la chaine vidéo de Facebook, et plus généralement les réseaux sociaux tels que *Tik-Tok*, *Youtube*, *Instagram*, spécialisés dans la publication de vidéos, se chargeraient-ils d'exprimer le monstrueux « monde intérieur » d'une foule indifférenciée, en voie d'uniformisation ; soumise à toutes les frictions ; et bientôt happée par la « tranhumanisation », où monde intérieur et monde réel seront enfin confondus…

La vidéo en tout cas se prêterait bien à cette « conscientisation » d'un monde intérieur en ébullition. Comme l'explique François Soulages dans le chapitre 1 du présent ouvrage,

---

142. On trouvera des réponses convaincantes à ces questions dans le livre *Apocalypse cognitive* du sociologue Gérald Bronner (PUF, 2021). Schématiquement, on pourrait dire la motivation que pointe principalement l'auteur est précisément la recherche de la « friction »…

dans la vidéo une image chasse l'autre, indéfiniment, et le format même de la vidéo, opposé à celui du film de cinéma ou à l'image photographique, autorise une « friction » permanente, d'un plan à l'autre à l'intérieur de la vidéo – et bien plus encore d'une vidéo à l'autre. La photographie invite à l'arrêt, à la contemplation, elle extrait celui qui la regarde de l'écoulement du temps, ne fut-ce qu'un instant de nostalgie, d'émotion. Le film de cinéma ne peut pas s'empêcher de *raconter une histoire*, de rentrer, d'une manière ou d'une autre, dans une certaine démonstration, dans le déploiement d'une certaine rhétorique.

La vidéo au contraire – et plus encore la *survidéo*, enchaînement de vidéos hétéroclites, frictionnelles et interfrictionnelles, sans autre lien entre elles que celui d'être proposées par l'algorithme neutre à l'œil noir – la vidéo entraine le spectateur dans un jeu sans règle, sans finalité, une sorte de hasard brut – une image, un rebond, un ressac de la vie intérieure même ?

Ce que je reçois, perçois, ressens comme spectateur, utilisateur, voyeur de vidéos, dans un cadre peu glorieux d'addiction (légère...), je suis surpris, mais pas vraiment étonné, que des artistes l'aient découvert, analysé et utilisé dans leur création de vidéos. C'est ce dont nous fait part Bruno Zorzal dans le chapitre 2 du présent ouvrage, à propos de sa vidéo *Mouvement #2*. Je cite : « Ainsi, cette pellicule Super 8 non coupée, non montée, exposée à vitesse réduite, révélerait *une tension entre le flux d'images et la constitution d'une forme, qui représenterait le flux lui-même.* » (C'est moi qui souligne.)

Le jeune garçon a fait un peu de ménage, un peu de cuisine, il a mis la table, tout est prêt, il est satisfait. Le père arrive enfin, il titube, il est saoul, il s'effondre sur sa chaise, il hoquète, il a un sourire stupide, satisfait. Le jeune garçon lui dit : « Mais qu'est-ce qui t'arrive ? Tu es encore saoul ? » Fin de la vidéo.

En vérité, ça ne s'est pas passé comme ça. Le père est ivre, tous les soirs, mais il ne veut pas que ça se sache. Il demeure impassible, assis correctement sur sa chaise. Un jour il s'est confié à son fils. Le fils n'a rien dit, n'a rien fait. Bien des années plus tard, le jeune garçon se souvient encore de ce moment de son enfance. Il est devenu vidéaste. Il a fait, il a réalisé ce rêve.

Les vidéos sont des rêves, les rêves sont des vidéos. Les vidéos sont des rêves, lancés sur les réseaux sociaux comme des énigmes, des signaux de détresse, des avertissements ; bien souvent ce sont des cauchemars. Comme dans les rêves il n'y a pas de contradiction, pas de logique, pas de protagoniste autre que celui qui regarde, qui est celui qui rêve et ne comprend pas, et qui plus tard oublie, ou tente de déchiffrer. Comme la vidéo, le rêve autorise le triomphe de l'image, elle « est » le triomphe de l'image dans ce qu'elle a de primitif, d'*immédiat*, oui, paradoxalement sans média, sans medium, sans intermédiaire, nue, entière, évidente, muette et mystérieuse.

Une photographie s'interprète, elle appelle l'analyse, la contextualisation, l'explication, l'interprétation. Un film de cinéma raconte une histoire, est soutenu par un réseau serré de références, échappe rarement au discours, à la dialectique, au *Logos*. Alors que la vidéo, elle, est du côté du *Kaïros*, et le *Kaïros* c'est bien de la friction, de l'inattendu, sans doute hostile, qui peut faire mal.

On peut se poser des questions sur l'authenticité de l'histoire, souvent déclinée en vidéo, du bébé à qui on enfile des lunettes et qui « pour la première fois voit sa mère ». Sans doute le bébé en question souffrait d'un handicap qui l'empêchait de voir « correctement » sa mère, et les lunettes adaptées viennent au bon moment pour corriger son *optique* (« enfant, certains cieux ont affiné mon optique », affirme Rimbaud). Sans doute il faut (aussi) apprendre à voir, puis à regarder, puis à situer, mémoriser, comprendre sa vision. Mais la maitrise de cet instrument optique est précisément une maitrise, et il est avéré que très tôt le bébé « voit », situe, et *reconnait* (sans apprentissage) le visage de sa mère. L'apprentissage du langage est bien plus tardif, difficile, et « peu naturel », et pour cause… Le langage précisément nous arrache à une « nature » aussitôt évanouie qu'entrevue, devinée, supposée. Après, débrouille-toi avec ça, tâche de retrouver le regard, tâche de retrouver la vue, la vision.

Alors, cette vision elle nous revient, elle nous visite, quelquefois, dans « l'inquiétante étrangeté » dont parle Freud, mais surtout dans le rêve (dont parle aussi Freud…). Le rêve est *d'abord* une vision, sur un fond indistinct de pensées, j'oserais dire, *annexes*. Aussitôt après le réveil, il peut aussi bien s'effacer, disparaitre corps et biens ; ou alors il a laissé une trace de son passage ; des souvenirs, d'anciens affects remontent à la conscience, remuée par le « dit » essentiellement muet du rêve. Mais si, juste après le réveil, le rêve insiste pour qu'on le garde, qu'on le regarde, alors, à partir des images frappantes du rêve (la « scène principale »), et des bribes annexes de pensées à la limite de l'articulation, il faut (se) mentir, et monter un récit, une histoire qui n'est *pas*, qui n'est *plus* le rêve. Mais qui est le seul message, le seul discours qu'on peut articuler, la seule trace qu'on peut conserver durablement, trace qui peut garder encapsulée en elle, surtout pour les rêves les plus marquants, l'image originelle, l'image nue, la *vision* du rêve.

Les vidéos, c'est pareil. Pour les vidéos aussi l'image précède le son, le discours, et puis on peut très bien s'en passer. Le rêve se perd dans la « post-synchronisation » que l'esprit opère au réveil, la vidéo trouve sa plus juste, sa plus émouvante expression quand elle enjambe cette étape technique.

L'image, l'image brute, on ne peut pas se débrouiller avec ça, on a beau lui accoler des tonnes de discours, ça ne marche pas, elle est toujours là (ou elle n'y est plus du tout…), essentielle, irréductible. Les rêves, de toute éternité, et les vidéos de notre ère technique, sont là pour nous le rappeler.

Peut-être le dernier refuge de l'humain. Un discours, aussi sophistiqué soit-il, peut maintenant être *imité* à la perfection par une machine, et « l'intelligence des mots anciens » se perd dans l'artificiel d'une langue mécanique.

Mais le rêve ? Mais l'émotion à voir et à saisir le premier sourire d'une enfant qui voit enfin sa vision ? Mais l'émotion créée, l'émotion filmée et aussitôt partagée, la vision de hasard, la vision de circonstance, coucher de soleil pourquoi pas, rivière enchanteresse, geste immobile d'une statue sur une place publique au bras levé et qui clignote de photo instantanée en photo instantanée ? (Je pense à la vidéo *Mouvement #2* de Bruno Zorzal, une vidéo tellement proche du rêve…)

C'est sûr que c'est agaçant de voir des gens qui brandissent leur smartphone pour « immortaliser » un événement un peu exceptionnel, concert, pièce de théâtre, performance, cérémonie, manifestation, d'autant plus que la vidéo ne sera sans doute jamais revisionnée et se perdra dans l'océan numérique.

Mais inversement, filmer (discrètement, respectueusement) les gens, la nature, ou une lumière, un ami, un sourire – comme le propose par exemple Michel Sicard dans le chapitre 3 du présent ouvrage : « …des films de déplacement à travers le flux ou le cours des choses » – et regarder (c'est presque la même chose) une telle vidéo, vous (ré)apprend à voir, réajuste votre optique. Vous montre les rêves sous-jacents à nos vies. La vraie vie cesserait-elle un instant d'être *ailleurs* ?

Tristesse des reportages des chaînes d'information de toutes sortes sur les dernières manifestations contre la réforme des retraites, France, janvier-avril 2023. Mornes interviews de manifestants ou de responsables syndicaux. Images convenues montrant la densité, l'étendue de la foule. À l'autre bout du cortège, de la manif, images de « tensions », d'affrontements, de heurts, charges de police, matraquages, violences. Des poubelles qui brulent, bien sûr c'est photogénique, ça hypnotise.

Mais rien de tout cela n'est *ma* manif. *Ma* manif, comme le « Ô *mon* bien Ô *mon* beau » du poète. La manif est un fleuve, la manif est une fête, elle est retrouvailles, embrassades, procession, cérémonie, liberté retrouvée d'une marche majestueuse, d'un temps et d'un rythme accordés à la foule qui est un peuple. Je suis dans la manif, je me retourne, je m'arrête, je suis en léger surplomb, je vois la foule innombrable qui depuis l'horizon s'avance vers moi, défile devant moi comme devant n'importe qui, et qui me contient et me dépasse. Il y a aussi une camionnette qui passe, dessus est écrit « Ni France ni travail » en gros caractères. *Jamais vu un slogan aussi con*, je dis dans le micro. Mais on n'entend pas bien. Mais ce n'est pas grave. Les gens passent, je les filme, ils me voient les filmer, certains sourient, *me font signe*. Ils sont tous différents, nobles, dignes, chaque visage raconte une histoire différente mais tous sont apaisés, accordés, sereins. Dans la marche unanime les mouvements libres de chacun forment un ballet imprévisible, tranquille, parfait. Je filme la vidéo et puis chez moi je regarde la vidéo et je me dis il s'est passé quelque chose, je garde trace d'un quelque chose qui n'est plus et qui repasse, et il se passe encore quelque chose, et encore, et encore.

Je finirai bien par arriver à attraper le mouvement de la mer, le mouvement – le frottement, la friction – du soleil sur la mer. Avec des photos je pense que j'y suis déjà un peu arrivé.

François Soulages, dans le chapitre 1 du présent ouvrage, évoque des « vidéos sans qualité envoyées en silence entre particuliers au point de faire un réseau non-identifiable mais profond, sorte de conversations entre individus qui se réunissent virtuellement un moment et engendrent une émotion sensible et, parfois, artistique, voire esthétique. » Cela se situe à l'autre bout des terribles vidéos « Facebook » et leur dispositif addictif, anxiogène. Mais ce pourrait être les mêmes vidéos, ou du moins on pourrait, on peut trouver sur la plate-forme anonyme de ces éclats intimes. D'après des vidéos de François Soulages, Michèle Baron, Gabriel et Oriane Baudrand :

Ça flotte et ça frotte. C'est un instant fragile.

Damas a beaucoup changé, depuis que j'y suis allé, en 74.

Le Nahon, mercredi 29 mars. L'eau qui coule et qui chante, et l'eau qui dort.

Hopper a fait une petite vidéo sur Châteauroux. Je vais vous la passer.

Carton jaune ! Carton rouge ! Petit pont !

Pensée pour Kenji.

Oh la la les biscuits de rêve !

La révolution sera féministe ou ne sera pas ! Ouais !

Aujourd'hui ce n'est pas : tu iras à la manif', c'est : la manif ira à toi !

Dis-moi de quoi tu parles.

Avec un rayon de soleil c'est encore mieux.

Les manifestants s'arrêtent, ils prennent des photos, ils se prennent en photo. Puis ils dansent, il y a un orchestre Marimba ; applaudissements.

SAMBA DA GLORIA

Je suis née dans un quartier de La Havane. (Buena Vista Social Club, Wim Wenders).

Le ciel est immobile mais les arbres défilent à toute allure. La présence épatante de *M.*

C'est le début de l'après-midi mais c'est aussi le début du monde. L'image est calée impeccablement sur l'horizon orangé, au-dessus il y a le gris du ciel, en-dessous il y a le gris de la mer.

Nuit, feu de joie, chants brésiliens *a capella.*

Gabriel Baudrand
La Croix Valmer, 2023

Table des matières

Suite des livres de François Soulages

Philosophie

Proximité, avec des photos de Gérard Moulin, Paris, Argraphie, 1987.
Recherche & Bibliothèque, (dir.), Paris, PUV, 2004.
Une femme philosophe, dialogue avec Christine Buci-Glucksmann, Paris, Klincksieck, 2008.
O sensivel contemporâneo, (codir. avec A. Olivieri), Salvador, UFBA, 2011.
L'homme qui rêve, (codir. avec A. Adam), Paris, L'Harmattan, collection *Eidos,* 2015.
Les frontières des rêves, (codir. avec A. Adam & A. Radvanszky), Paris, L'Harmattan, , 2015.
Masse & sujets. Philosophie & art, (codir. avec L. Farhi Neto), Paris, L'Harmattan, 2019.
Existence & photographie (codir. avec R. Yung Mariano), Paris, L'Harmattan, 2022.
Éloge de la recherche (dir.), Paris, L'Harmattan, collection *Eidos,* Série Philosophie, 2023.
Éloge du philosopher (dir.), Paris, L'Harmattan, collection *Eidos,* Série Philosophie, 2023.
Éloge de l'esthétique (dir.), Paris, L'Harmattan, collection *Eidos,* Série Philosophie, 2023.
Éloge de la photographie (dir.), Paris, L'Harmattan, collection *Eidos,* Série Philosophie, 2023.

Art

Vera Chaves Barcellos, obras imcompletas, Porto Alegre, Editora Zouk, 2009
La ville & les arts, (dir.), Paris, L'Harmattan, collection *Eidos,* série RETINA, 2011.
Portrait anonyme, (codir. avec P. Bonafoux), Paris, L'Harmattan, collection *Eidos,* 2013.
Les frontières du flou, (Flou 1), (codir. avec Pascal Martin), Paris, L'Harmattan, coll. *Eidos,* 2013.
Les frontières du flou au cinéma, (Flou 2), (codir. avec Pascal Martin), Paris, collection *Eidos,* 2014.
Lieux & mondes. Arts, cultures & politiques, (codir. E. Bonnet), Paris, L'Harmattan, 2015.
Art & reconstruction, (codir. avec A. Erbetta), Paris, L'Harmattan, collection *Eidos,* 2017.
Art & extériorité, (codir. avec G. Picarel), Paris, L'Harmattan, collection *Eidos,* 2017.
Arte y Reconstrucción, (codir. avec A. Erbetta), Buenos Aires, ArtexArte, 2018.
Interprétation & art. Risque & nécessité, (Interprétation 1), (dir.), Paris, L'Harmattan, coll. *Eidos,* 2019.
Interprétation & extériorité, (Interprétation 2), (codir. avec T. Tremblay), Paris, collection *Eidos,* 2019.
El Arte contemporaneo y, por lo tanto, la fotografia, (codir A. Erbetta), Buenos Aires, Arte x arte, 2020.
La obra como proceso de investigacion y work in progress, (codir. avec A. Erbetta), *idem,* 2021.

Art & frontières

Géoartistique & Géopolitique. Frontières, (dir.), Paris, L'Harmattan, collection Local & global, 2013.
Frontières géoculturelles et géopolitiques, (codir. avec G. Rouet), Paris, L'Harmattan, 2013.
Fronteras, Conflictos y Paz (avec San Ginès), Granada, Edición de la Universidad Granada, 2014.
Biennales d'art-contemporain & frontières, (dir.), Paris, L'Harmattan, 2014.
Memoria territorial y patrimonial. Artes & Fronteras, Lima, Universidad Nacional, 2014.
Frontières & artistes. Espace public, (post)colonialisme & mobilité en Méditerranée, 2014.
Mondialisation & frontières. Arts, cultures & politiques, (dir.), Paris, L'Harmattan, 2014.
Frontières, Conflits & Paix, (San Ginès), Granada, Edición de la Universidad de Granada, 2014.
Frontières & migrations. Allers-retours géoartistiques & géopolitiques, (codir. A. Erbetta), 2015.
Frontières & mémoires, arts & archives, (codir. avec A. Erbetta), Paris, L'Harmattan, 2015.
Arts & Frontières, Espagne & France, XXème siècle, (Mora Luna & P. Ordonez Eslava), 2016.
Frontières & dictatures. Images, regards – Chili, Argentine, (Medina &Mora), Paris, 2016.
Fronteras, Memorias, Artes y Archivos, (codir. avec A. Erbetta), Buenos Aires, ArtexArte, 2016.
Fronteras, Memoria y Exilio, (codir. avec A. Erbetta), Grenade, Eug & L'Harmattan, 2017
Les frontières en arts et en sciences, (codir. avec D. Chateau), Paris, L'Harmattan, 2020

Esthétique de la photographie

Photographie et inconscient, (dir.), Paris, Osiris, 1986.
Création (photographique) en France. Le corps la galère, noir & blanc, Toulon, Musée de Toulon, 1988.
Esthétique de la photographie, (1998), 2ème éd., Paris, Armand Colin, 2022. *Publié dans 11 langues.*
Photographie & contemporain, (dir.), Paris, L'Harmattan, collection *Eidos,* 2009.
Photographie contemporaine & art contemporain, (codir. avec M. Tamisier), Paris, Klincksieck, 2012.
La experiencia fotográfica en diálogo con las experiencias del mundo, (dir.), Buenos Aires, Cuaderno, 2015.

RETINA.Internacional : Movimentos Autofotobiografemáticos, (codir. avec B. D'Angelo & S. Venturelli), Brasilia, Univ Brasilia, 2015.
Frontières des mouvements autophotobiographématiques, (D'Angelo & Venturelli), Paris, 2016.
Photographie & extériorité, (codir. avec G. Picarel), Paris, L'Harmattan, collection *Eidos*, 2017.
Esthétique de la photographie de chantier, (codir. avec A. Ferrere), Paris, L'Harmattan, 2017.
De la photographie au post-digital. Du contemporain au post-contemporain, Paris, L'Harmattan, 2017.
Masques & identités. A partir de Bernard Kœst, (Armache Jamoussi), Paris, L'Harmattan, 2018.
Temps, photographie & littérature, (codir. avec B. D'Angelo), Paris, L'Harmattan, 2018.
Temps & photographie. A partir de Bernard Kœst, (dir.), Paris, L'Harmattan, collection *Eidos*, 2019.
Fotografia, Escritura e Imaginario, (codir. avec A. Erbetta), Buenos Aires, Arte x Arte, 2019.
Photographie & interprétation (dir.), Paris, L'Harmattan, coll. *Eidos*, série Photographie, 2022.

Photographie & corps politiques

1 France : *Politiques de la photographie du corps,* (codir.), Paris, Klincksieck, 2007.
2 Hongrie : *Fotografia es politikai test, (dir.), Budapest, Lettre Internationale, 69 szàm, 2008 nyàr,* 2008.
3 Brésil : *Imagem da Cidade e Corpo Politico,* (codir. Olivieri), Salvador, Cultura visual, 2008.
4 Slovaquie : *Du Printemps de Prague à la Chute du Mur de Berlin.* (Rouet), Paris, Klincksieck, 2009.
5 Canada : *Corps photographiques & corps politiques,* (codir. Lussier), Chicoutimi, Protée, 2009.
6 Argentine : *Ausencia y Presencia,* (codir. avec S. Solas), La Plata, Edulp, 2011.
7 Grèce : *Le pouvoir & les images,* (dir.), Paris, Klincksieck, 2011.
8 Espagne : *Fotografia y pode,* (codir. avec P. San Ginès), Grenade, Editorial Comares, 2012.
9 Chili : *L'homme disparu. Photographie & corps politiques,* (S. Solas), Paris, L'Harmattan, 2016.
10 France : *Images serviles, images critiques,* (dir.), Paris, L'Harmattan, collection *Eidos*, 2017.

Photographie, média & capitalisme

Communications & entreprises, (dir.), Paris, Argraphie, 1992.
Image, inconscient & entreprise, (codir. avec D. Toussaint), Paris, Humanisme & entreprise, 2005.
Photographie, médias & capitalisme 1, (codir. avec J. Verhaeghe), Paris, L'Harmattan, 2009.
Photography, Media, Capitalism 2, (codir. avec Y. J. Lee), Séoul, K-SAD, 2009.
Crise dans la représentation. Photographie, médias & capitalisme 3. (dir.), Paris, L'Harmattan, 2019.

Numérique

Dialogues sur l'art & la technologie, Autour d'Edmond Couchot, (dir.), Paris, L'Harmattan, 2001.
Barroco & interface e arts hybridas, (codir. avec A. Olivieri), Salvador, Cultura visual, 2006.
Pratiques et usages numériques, (codir. avec I. Saleh), Paris, Lavoisier, 2013.
Le corps-internet, Sofia, Editions Ciela, collection Liber Liber, 2014.
Les frontières des écrans, (codir. avec S. Le Corre), Paris, L'Harmattan, collection *Eidos*, 2015.
Egonline. Du selfie, (codir. avec A. Lichtensztejn), Paris, L'Harmattan, collection *Eidos*, 2017.
Esthétique & connectivité, (codir. avec B. D'Angelo & S. Venturelli), Paris, L'Harmattan, 2018.

Littérature

Dedans/Dehors, avec des photos de Marc Pataut, Paris, Faut Voir, 1984.
L'alphabet indien, avec des photos de Marc Pataut, Aubervilliers, La Maladrerie, 1986.
Moments éphémères, avec des photos de Catherine Brebel, Paris, Argraphie, 1988.
Communications, littératures et signes, (dir.), Paris, Argraphie, 1992.
Relire Kosztolanyi, (dir.), Paris, L'Harmattan, 2006.
L'homme effacé, Vymazany Muz, avec des photos de Terezia Golasova, ouvrage bilingue, Bratislava, Editions Albert Marencin, Vydavatel'stvo PT, 2007.
Malraux, le passeur de frontières, (dir.), Paris, L'Harmattan, collection *Eidos*, série RETINA, 2015.
Les frontières des langues, (dir.), Paris, L'Harmattan, collection *Eidos*, série RETINA, 2017.
Le flou & la littérature, (Flou 3), (dir.), Paris, L'Harmattan, collection *Eidos*, série Littérature, 2018.
Lire & vivre. Études sur l'expérience de la lecture, (codir. avec A. Adam & A. Radvanszky), 2019.

Suite des livres publiés dans la

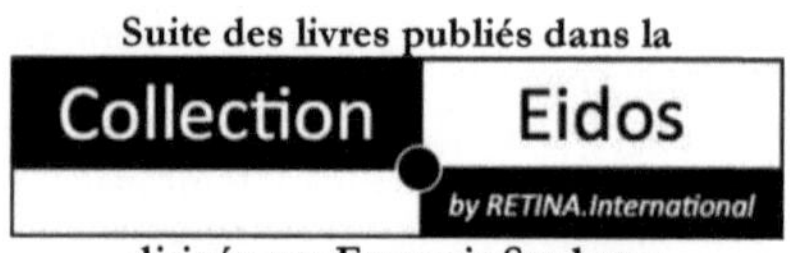

dirigée par François Soulages

73 Philippe Boisnard, *Frontières du visage (analogique-numérique)*
74 Aniko Adam, Aniko Radvanszky & François Soulages (codir.), *L'homme qui rêve*
77 Alain Milon & Shu-Ling Tsai, *Figures de l'homme. Au croisement des différences*
81 François Soulages (dir.), *Les frontières des langues*
100 François Soulages (dir.), *La vie hors sujet. De la philosophie à l'art & retour*
101 François Soulages (dir.), *La crise du visage*
129 Leon Farhi Neto, *Masse & multitude. A partir de Freud, Canetti & Spinoza*
131 I-ning Yang, *Blanchot-Lao Tseu : l'acte de nomination*
132 François Soulages & Leon Farhi Neto (codir.), *Masse & sujets. Philosophie & art*
137 Gabriel Baudrand, *Des discours contemporains à la lumière de Lacan*
145 F. Soulages (dir.), *La crise de la représentation. Photographie, Média & capitalisme, 3. Corée / France*
159 Gilles Picarel (dir.), *L'extériorité à l'épreuve de l'*autre
160 Michel Godefroy, *Esthétique de l'art médical*
163 François Soulages (dir.), *Éloge du philosopher*
164 François Soulages (dir.), *Éloge de la recherche*
165 François Soulages (dir.), *Éloge de l'esthétique*
166 François Soulages (dir.), *Éloge de la photographie*
167 S. Kalla & B. Oruç (codir.), *Intelligence artificielle : risque ou opportunité ?*
172 F. Soulages, A. Adam & A. Radvánszky, *Visage à voir, visage à lire*

Série PHOTOGRAPHIE

2 François Soulages (dir.), *Photographie & contemporain*
8 Catherine Couanet, *Sexualités & Photographie*
9 Panayotis Papadimitropoulos, *Le sujet photographique*
10 Anne-Lise Large, *La brûlure du visible. Photographie & écriture*
15 Michel Jamet, *Photos manquées*
16 Michel Jamet, *Photos réussies*
19 Marc Tamisier, *Sur la photographie contemporaine*
20 Marc Tamisier, *Texte, art et photographie. La théorisation de la photographie*
21 François Soulages & Julien Verhaeghe (codir.), *Photographie, médias & capitalisme*
22 Franck Leblanc, *L'image numérisée du visage*
23 Hortense Soichet, *Photographie & mobilité*
24 Benjamin Deroche, *Paysages transitoires. Photographie & urbanité*
25 Philippe Bazin, *Face à faces*
26 Philippe Bazin, *Photographies & Photographes*
27 Christiane Vollaire (dir.), *Écrits sur images. Sur Philippe Bazin*
32 Catherine Rebois, *De l'expérience en art à la re-connaissance*
33 Catherine Rebois, *De l'expérience à l'identité photographique*
34 Benoit Blanchard, *Art contemporain, le paradoxe de la photographie*
45 Marcel Fortini, *L'esthétique des ruines dans la photographie de guerre*
47 Caroline Blanvillain, *Photographie et schizophrénie*
53 Rosane de Andrade, *Photographie & exotisme. Regards sur le corps brésilien*
54 Raquel Fonseca, *Portrait & photogénie. Photographie & chirurgie esthétique*
57 Agathe Lichtensztejn, *Le selfie aux frontières de l'egoportrait*
59 Zoé Forget, *Le corps hors norme dans la photographie contemporaine*
79 Bertrand Naivin, *Selfie, un nouveau regard photographique*
84 Cristina Dias de Magalhães, *Vues de dos. Espace d'identité & de création*
85 B. D'Angelo, Fçs Soulages & S. Venturelli (dir.), *Frontières mouvements autophotobiographématiques*
86 Gilles Picarel, *Photographie & altérité*

92 François Soulages & Silvia Solas (codir.), *L'homme disparu. Photographies & corps politiques, 9*
95 Alejandra Niedermaier, *La femme photographe en Amérique latine*
97 Bruno Zorzal, *Les photos, un matériau pour la photographie*
98 Bruno Zorzal, *Esthétique de l'exploitation photographique des photos déjà existantes*
99 François Soulages (dir.), *Image servile, image critique. Photographie & corps politiques 10*
107 B. D'Angelo, F. Soulages & S. Venturelli (codir.), *De la photographie au post-digital. Du contemporain au post-contemporain*
111 Rodrigo Zuniga, *Ultra-peau. Au-delà de la dermatologie photographique*
112 François Soulages & Gilles Picarel (codir.), *Photographie & extériorité*
114 François Soulages & Agathe Lichtensztejn (codir.), *Ego/o/nline. Du selfie*
115 François Soulages & Angèle Ferrere (codir.), *Esthétique de la photographie de chantier*
116 François Soulages & Bruno Zorzal (codir.), *Images d'images*
120 B. D'Angelo & Fçs Soulages (codir.), *Temps, photographie & littérature. Écrits parisiens 2017-8, 2*
139 Alejandro Erbetta, *Photographie & reconstruction d'histoires (individuelles & familiales)*
140 Alejandro Erbetta, *Pour une poétique de la mémoire. Photographie, littérature & arts*
151 Paul di Felice, *La photographie, entre tableau & dispositif. Mutations photographiques contemporaines*
152 Paul di Felice, *La photographie, entre fragmentation des corps & virtualité des espaces Mutations photographiques contemporaines*
155 Gilles Picarel, *La photographie au risque de l'extériorité. Une épreuve de l'*autre
161 François Soulages & Raphaël Young Mariano (codir.), *Existence & photographie*
162 François Soulages (dir.), *Photographie & interprétation*

Série LITTÉRATURE

70 Aniko Adam, *Du vague des frontières. Espaces, littératures & langues*
76 François Soulages (dir.), *Malraux, le passeur de frontières*
93 François Soulages (dir.), *Le flou & la littérature*
96 Richard Spiteri, *Benjamin Péret. Travail en chantier*
109 Edmond Nogacki, *Plasticité de la poésie de René Char*
117 Vincent Metzger, *Henri Michaux. Fiction & diction*
119 Biagio D'Angelo, *Espace. Topographies imaginaires. Écrits parisiens 2017-8, 1*
120 B. D'Angelo & Fçs Soulages (codir.), *Temps, photographie & littérature. Écrits parisiens 2017-8, 2*
121 Biagio D'Angelo, *Espace-Temps. Proust & les créations contemporaines. Écrits parisiens 2017-8, 3*
142 Fçs Soulages, A. Ádám & A. Radvánszky (codir.), *Lire & vivre : l'expérience de la lecture*
157 Vincent Metzger, *De l'interruption dans l'aphorisme et l'essai*

Série ART

3 François Soulages (dir.), *La ville & les arts*
13 Éric Bonnet (dir.), *Le Voyage créateur*
31 Julien Verhaeghe, *Art & flux. Une esthétique du contemporain*
37 Gezim Qendro, *Le surréalisme socialiste. L'autopsie de l'utopie*
38 Nathalie Reymond *À propos de quelques peintures et d'une sculpture*
39 Guy Lecerf, *Le coloris comme expérience poétique*
41 Pascal Bonafoux, *Autoportrait. Or tout paraît*
42 Kenji Kitayama, *L'art, excès & frontières*
43 Françoise Py (dir.), *Du maniérisme à l'art post-moderne*
48 Marc Veyrat, *La Société i Matériel. De l'information comme matériau artistique, 1*
51 Patrick Nardin, *Effacer, Défaire, Dérégler... entre peinture, vidéo, cinéma*
55 Françoise Py (dir.), *Métamorphoses allemandes & avant-gardes au XXᵉ siècle*
58 F Soulages & A Erbetta (dir.), *Frontières & migrations. Allers-retours géoartistiques & géopolitiques*
65 Marc Veyrat, *Never Mind, De l'information comme matériau artistique, 2*
72 Sandrine Le Corre, *Frontières & arts. De l'opacité à la fraternité*
75 François Soulages & Alejandro Erbetta (codir.), *Frontières & mémoires, arts & archives*
78 C. Bodet, A. Chareyre-Méjan & L. Iacovo (codir.), *Dimension poétique*
80 A. M. Mora Luna & P. Ordóñez Eslava (codir.), *Les arts en [temps de] crise*
87 Angèle Ferrere, *Du chantier dans l'art contemporain*

90 A. M. Mora Luna, P. Ordóñez Eslava & F. Soulages (dir.), *Arts & Frontières, Espagne & France*
91 J-F Desserre, *L'image peinte. Enjeux & perspectives de la peinture figurative des années 1990 à nos jours*
94 Qing Chen, *Mise en scène d'un corps performatif. Entre identité & altérité*
102 Éric Bonnet & Qing Chen (codir.), *JE est un autre. Art contemporain en Chine & en France*
103 François Soulages & Alejandro Erbetta (codir.), *Art & reconstruction*
108 Michel Godefroy, *Esthétique & psychiatrie*
113 François Soulages & Gilles Picarel (codir.), *Art & extériorité*
122 B. D'Angelo, Fçs Soulages & S. Venturelli (codir.), *Esthétique & connectivité*
123 Sandrine Le Corre, *Esthétique de la vitrine*
124 François Soulages (dir.), *Espace public & espace artistique. Frontières entre sans-art & art*
130 François Soulages (dir.), *Interprétation & art. Risque & nécessité*
134 François Soulages & Thierry Tremblay (codir.), *Interprétation & extériorité*
135 François Soulages (dir.), *L'inachevable interprétation. Des arts visuels à la littérature-art*
136 Vincenzo Cuomo, *Une cartographie du techno-art. Le champ du non-symbolique*
138 Marie-Luce Liberge, *Esthétique du rire & violence de l'histoire*
146 Éric Bonnet (dir.), *Mémoires & créations. France & Corée contemporaines*
148 Suzanne Beer, *Musées virtuels & réalités muséales*
149 Michel Godefroy, *Le conflit esthétique. Du vandalisme à l'art contemporain*
150 François Soulages (dir.), *Pluralité des interprétations*
154 Juae Eum, *Réinventions de la mémoire dans la création artistique*
156 Marie-Luce Liberge, *Fabrique du rire. Les corps face à la violence de l'histoire*
158 Caroline Blanvillain, *Le sujet à l'œuvre*
169 Marie-Luce Liberge, *Quand l'artiste détourne l'objet. Le rire face aux violences*

Série ARTISTE

17 Manuela de Barros, *Duchamp & Malevitch. Art & Théories du langage*
44 Bertrand Naivin, *Roy Lichtenstein, De la tête moderne au profil Facebook*
50 Marc Giloux, *Anon. Le sujet improbable, notations, etc.*
52 Alain Snyers, *Le récit d'une œuvre 1975-2015*
104 Raphaël Yung Mariano, *Scènes de la vie familiale. Ingmar Bergman*
106 François Py (dir.), *De l'art cinétique à l'art numérique. Franck Popper*
118 François Soulages & Sophie Armache Jamoussi, (codir.) *Masques & identités. Bernard Kœst*
128 François Soulages (dir.), *Temps & photographie. A partir de Bernard Kœst*
141 Hwamin Shin, *Sophie Calle. Regard sur autrui : du déséquilibre à l'imaginaire*
147 Panayotis Papadimitropoulos, *Raymond Depardon & la philosophie*
170 SIM Sang Yong, *L'ère d'Andy Warhol*

Série SÉMIOTIQUE, Groupe E.I.D.O.S.

1 Michel Costantini (dir.), *Ecce Femina*
4 Michel Costantini (dir.), *Sémiotique du beau*
5 Groupe EIDOS, *L'image réfléchie. Sémiotique et marketing*
6 Michel Costantini (dir.), *L'Afrique, le sens. Représentations, configurations, défigurations*
7 Pascal Sanson & Michel Costantini (dir.), *Le paysage urbain*
28 M. Tamisier & M. Costantini (dir.), *Opinion, Information, Rumeur, Propagande*
29 M. Costantini (dir.), *La sémiotique visuelle : nouveaux paradigmes*
46 M. Costantini (dir.), *Sémiotique des frontières, art & littérature*
125 M. Costantini (dir.), *Bornes & traversées. Sémiotique des frontières, I,*
126 M. Costantini (dir.), *Limites & seuils. Sémiotique des frontières, II,*

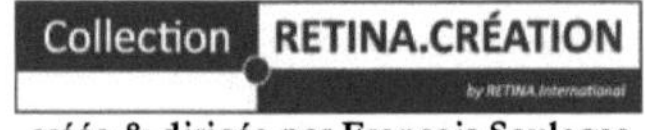

créée & dirigée par François Soulages

1. Alejandro Erbetta, *Frontières & mémoires* 2. Gilles Picarel, *Les frontières de l'extériorité*
3. A. Erbetta, *Aux frontières de l'oubli* 4. Bernard Kœst, *J'aurais temps aimé ! Aux frontières d'Argenton*
5. Éric Bonnet, *Frontières, limbes & milieux* 6. G. Picarel, *Affleurement* 7. G. Picarel, *Résidant*
8. Démosthène Agrafiotis, *Sauver Venise* 9 Paul di Felice, *L'œil cathodique*
10 Michel Sicard & Mojgan Moslehi, *Temps interférentiel dans la photographie* 11 Olga Tsvietkova, *L'œil inhabité*
12 M. Sicard & M. Moslehi, *Photongraphie* 13. D. Agrafiotis, *Antikleia* 14. B. Kœst, *J'ai un crâne dans la tête*

Structures éditoriales du groupe L'Harmattan

L'Harmattan Italie
Via degli Artisti, 15
10124 Torino
harmattan.italia@gmail.com

L'Harmattan Hongrie
Kossuth l. u. 14-16.
1053 Budapest
harmattan@harmattan.hu

L'Harmattan Sénégal
10 VDN en face Mermoz
BP 45034 Dakar-Fann
senharmattan@gmail.com

L'Harmattan Cameroun
TSINGA/FECAFOOT
BP 11486 Yaoundé
inkoukam@gmail.com

L'Harmattan Burkina Faso
Achille Somé – tengnule@hotmail.fr

L'Harmattan Guinée
Almamya, rue KA 028 OKB Agency
BP 3470 Conakry
harmattanguinee@yahoo.fr

L'Harmattan RDC
185, avenue Nyangwe
Commune de Lingwala – Kinshasa
matangilamusadila@yahoo.fr

L'Harmattan Congo
219, avenue Nelson Mandela
BP 2874 Brazzaville
harmattan.congo@yahoo.fr

L'Harmattan Mali
ACI 2000 - Immeuble Mgr Jean Marie Cisse
Bureau 10
BP 145 Bamako-Mali
mali@harmattan.fr

L'Harmattan Togo
Djidjole – Lomé
Maison Amela
face EPP BATOME
ddamela@aol.com

L'Harmattan Côte d'Ivoire
Résidence Karl – Cité des Arts
Abidjan-Cocody
03 BP 1588 Abidjan
espace_harmattan.ci@hotmail.fr

Nos librairies en France

Librairie internationale
16, rue des Écoles
75005 Paris
librairie.internationale@harmattan.fr
01 40 46 79 11
www.librairieharmattan.com

Librairie des savoirs
21, rue des Écoles
75005 Paris
librairie.sh@harmattan.fr
01 46 34 13 71
www.librairieharmattansh.com

Librairie Le Lucernaire
53, rue Notre-Dame-des-Champs
75006 Paris
librairie@lucernaire.fr
01 42 22 67 13